थिंक विथ मी

थिंक विथ मी

अपने देश को आदर्श बनाने के मूलतत्व

'सहाराश्री' सुब्रत रॉय सहारा

रूपा

प्रकाशित
रूपा पब्लिकेशंस इंडिया प्राइवेट लिमिटेड 2016
7/16, अंसारी रोड, दरियागंज
नई दिल्ली 110002

सेल्स सेन्टर:
इलाहाबाद बेंगलुरू चेन्नई
हैदराबाद जयपुर काठमाण्डू
कोलकाता मुम्बई

ISBN: 978-81-291-4227-6

प्रथम संस्करण 2016

10 9 8 7 6 5 4 3 2 1

मुद्रक: रेप्लिका प्रेस प्राइवेट लिमिटेड, हरियाणा

परमपूज्य मां
स्व. श्रीमती छबि रॉय
को समर्पित

परमपूज्य मां,
आप अतुलनीय मां थीं
आपने हमें जिस प्यार और ममता से पाला
हमें जिन विराट संस्कारों में ढाला
वही हमारी शक्ति बन गये, सम्मान बन गये
हमारी सामूहिक प्रगति की पहचान बन गये

कल्याणमयी मां,
आप करुणा से आप्लावित थीं
मगर मर्यादाओं के प्रति बेहद कठोर
अनुशासन का प्रारंभिक पाठ हमें आपने पढ़ाया
हम सबके जीवन को बृहद् लक्ष्य की ओर बढ़ाया
मां, आप श्रेष्ठतम गुरु थीं
आपने समझाया नजरिए को सकारात्मकता से संवारना
सभी में अच्छाई देखना
सभी की अच्छाई को अपने व्यवहार में उतारना
आपने सिखाया हमें दूसरों का ध्यान रखना
जो कष्ट से घिरे हों, उनके कष्ट हरना

ममतामयी मां,
आप विराट दार्शनिक थीं
आपने परिचित कराया हमें उस अनोखे आनंद से
जो दूसरों को कुछ देने से मिलता है
किसी को कुछ देना रहता है स्वयं आपके हाथ में
जबकि कुछ पाना दूसरे के हाथ रहता है
आपने सिखाया निरंतर कर्तव्य के पथ पर चलना
न भयग्रस्त होना न शंका से घिरना
कठिन परिस्थितियों में भी तनावमुक्त रहना

ब्रह्मलीन मां,
आप हमेशा रहेंगी हमारे ह्रदय में
आपके आशीष की छाया हम पर रहेगी
जब भी देखेंगे हम अपने जीवन पटल को
हमेशा हमें आपकी छवि दिखेगी।

आपका
चंदन
('सहाराश्री' सुब्रत रॉय सहारा)

पुस्तक की विषयवस्तु

भूमिका

आप जानते हैं कि मैं कॉर्पोरेट का व्यक्ति हूं। आपके मन में सवाल उठ सकता है कि कॉर्पोरेट का व्यक्ति तो उद्योग, व्यापार, विपणन या वित्तीय विषयों के बारे में ही लिखता है, तब इस व्यक्ति को क्या सूझी कि यह राजनीति, धर्म, शिक्षा जैसे विषयों की बात कर रहा है। मैं इस बात का उत्तर अपनी बात को आजादी की लड़ाई से शुरू करके देना चाहूंगा।

आजादी की हमारी लंबी लड़ाई सिर्फ इसलिए नहीं थी कि हमें विदेशियों के हाथ से सत्ता छीननी थी या उन्हें खदेड़कर बाहर करना था। आजादी की लड़ाई के दौरान हमारे देश का जो श्रेष्ठ नेतृत्व विकसित हुआ था उसने स्वतंत्र भारत के लिए एक सपना देखा था। यह सपना समूचे देश का सपना था, हम सबका सपना था। हमारा सपना था कि भारत एक बहुत ही अग्रगामी, प्रगतिशील और समृद्ध देश के रूप में उभरेगा जिसमें सभी लोग परस्पर सद्भावना से रहेंगे, सामूहिकता से कार्य करेंगे, सामूहिक उपलब्धियां हासिल करेंगे और इससे जो भी लाभ प्राप्त होंगे वे न्यायपूर्ण तरीके से सभी में वितरित

होंगे, सबका जीवन शांति, सुख और संतुष्टि से परिपूर्ण होगा।

हालांकि आजादी के समय साम्प्रदायिक आधार पर देश के विभाजन की दुखद घटना घटी, मगर हमने अपने सपनों को पूरा करने के लिए देश में लोकतांत्रिक पद्धति अपनायी जिसमें सभी को मताधिकार मिला और सभी को संवैधानिक तौर पर बराबर के अधिकार मिले। हम सोचते थे कि भारत के बहुलतावादी समाज में, जिसमें सभी धर्मों और जातियों के लोग रहते हैं, सब अपने-अपने पूर्वाग्रहों को छोड़कर, अपने मतभेद भुलाकर प्यार और सद्भाव के साथ रहेंगे और देश की प्रगति में मिलकर योगदान करेंगे।

इसमें कोई संदेह नहीं है कि स्वतंत्र भारत ने पर्याप्त प्रगति की, हर क्षेत्र में प्रगति की और समृद्धि भी हासिल की, लेकिन हमने अपने लिए जो लक्ष्य निर्धारित किये थे, वे आज भी अधूरे हैं। सच्चाई यह भी है कि आजादी के दौर की समस्याओं से भी बड़ी समस्याएं आज हमारे देश के सामने खड़ी हो गयी हैं जो भविष्य के बारे में लगातार अशुभ संकेत देती हैं।

आजादी की लड़ाई के दौरान समूचे देश में ईमानदार, कर्मठ और समर्पित नेता पैदा हुए जिन्होंने अपने जीवन को दूसरों के लिए अनुकरणीय बनाकर प्रस्तुत किया। आज हमारे देश में किस तरह का नेतृत्व उभर रहा है? यह नेतृत्व हमें कहां ले आया है? जनता भले ही नेताओं को वोट देती हो परंतु वह अपने नेताओं के प्रति भरोसा खो बैठी है और उन्हें संदेह की नजर से देखती है।

जनसंख्या की तीव्र और अनियंत्रित वृद्धि हमारे देश की एक बड़ी समस्या है। आजादी के समय हमारी जनसंख्या लगभग 36 करोड थी जो कि आज 130 करोड़ का आंकड़ा पार कर चुकी है। निकृष्ट प्रकार की वृद्धि ही हमारी असल समस्या है। आपको नहीं लगता कि

इस पर रोक लगाने के लिए बहुत ही प्रभावकारी कदम उठाने की जरूरत है?

हम अपनी शिक्षा व्यवस्था के माध्यम से सिर्फ क्लर्क नहीं पैदा करना चाहते थे बल्कि ऐसी शिक्षा व्यवस्था चाहते थे जो सिर्फ पेट भरने का जरिया न बने बल्कि देश के लोगों का समग्र विकास करे, उनके व्यक्तित्व को मानवीय गुणों के आधार पर विकसित करे और उन्हें एक सभ्य देश का जिम्मेदार नागरिक बनाए। क्या हमारी शिक्षा व्यवस्था इस लक्ष्य को पूरा कर पा रही है?

जब हमने अपने लिए विधायिका, कार्यपालिका और न्यायपालिका जैसे आधारभूत तीन अंगों के साथ लोकतांत्रिक व्यवस्था को अपनाया था तो हमने स्वाभाविक तौर पर मीडिया की कल्पना ऐसे चौथे स्तंभ के रूप में की थी जो बाकी सभी अंगों की गतिविधियों पर नजर रखे, लोगों को सही सूचना प्रदान करे, उन्हें जागरूक बनाए और उनमें सकारात्मकता की भावना पैदा करे। इस तरह मीडिया को एक दिग्दर्शक और शिक्षक की भूमिका निभानी थी। क्या आज का मीडिया यह दायित्व पूरा कर रहा है?

हम भले ही धर्मनिरपेक्ष होने का दावा करे लेकिन आज समूचा भारतीय समाज सांप्रदायिक और जातीय तनावों से ग्रस्त दिखाई देता है। सांप्रदायिक दंगे और धर्म प्रेरित आतंकवादी घटनाएं आम बात हो गयी हैं। धर्म से संबंधित विकृतियां लगातार बढ़ रही हैं, यहां तक कि आज देश की आंतरिक सुरक्षा को भी खतरा पैदा हो गया है। क्या इस समस्या का हमने कोई उचित उपाय तलाश किया है?

जब हम राजनीतिक नेतृत्व, जनसंख्या, शिक्षा, मीडिया और धर्म से संबंधित समस्याओं को लगातार जटिल और गंभीर होता हुआ देखते हैं तो हमारे मन में यह सवाल उठना स्वाभाविक है कि आखिर हमसे

गलती कहां हुई? स्वतंत्र भारत की हमारी लोकतांत्रिक यात्रा के दौरान आखिर ऐसा क्या हुआ कि हमें इन सभी मोर्चों पर गंभीर समस्याओं का सामना करना पड़ रहा है? हम जिम्मेदार पदों पर बैठे लोगों को यह क्यों नहीं सिखा पाये कि अधिकार दिये जाते हैं कर्तव्यों के निर्वाह के लिए, न कि कर्तव्यों को ताक पर रखकर अपनी सनक, अपने मिथ्याभिमान और लालच की पूर्ति के लिए? जिम्मेदार लोगों के गैर-जिम्मेदार रवैये के कारण ईमानदार और कानून पालक लोगों का जीवन तमाम तरह की कठिनाइयों से घिर गया है।

हम सब जानते हैं कि अगर ये समस्याएं ऐसे ही जारी रहती हैं तो निकट भविष्य में देश और देशवासियों के लिए भयावह संकट खड़े कर देंगी। तो क्या हमें इन समस्याओं पर ईमानदारी से विचार नहीं करना चाहिए?

हां, मैं मानता हूं कि मैं कॉर्पोरेट का व्यक्ति हूं और मुझे गर्व है कि मैं 12 लाख निष्ठावान कार्यकर्ताओं वाले विशाल सहारा इंडिया परिवार का अभिभावक हूं। लेकिन इससे भी पहले मैं अपनी भारत मां से प्यार करने वाला अपने प्यारे देश का एक सच्चा और सजग नागरिक हूं। इस नाते मैं देश की समस्याओं पर चिंतन-मनन करता रहा हूं।

मैंने जिन समस्याओं का उल्लेख किया है उनके बारे में मेरे कुछ अपने विचार हैं जिन्हें मैंने इस पुस्तक में प्रस्तुत किया है। मैं इन विषयों का आधिकारिक विद्वान नहीं हूं और न मैंने कभी ऐसा कोई दावा किया है लेकिन मैंने समझने और समझाने को हमेशा अपने स्वभाव में पाया है। इस नाते मेरे जो भी विचार बने हैं वे मैं आपके सामने प्रस्तुत कर रहा हूं। यह अलग बात है कि आप मेरे विचारों से सहमत होते हैं या असहमत होते हैं, लेकिन इतना निश्चित है

कि ये विचार आपको सोचने के लिए बाध्य अवश्य करेंगे और आप भी इस निष्कर्ष पर पहुंचेंगे कि अगर जल्दी ही कुछ नहीं किया गया तो हम निश्चित तौर पर कई तरह की परेशानियों से घिर जाएंगे।

मैंने उपरोक्त पांच विषयों के बारे में जो कुछ भी सोचा-समझा है वह आप सब तक पहुंचाना चाहता हूं और विशेष रूप से उन लोगों तक जो आज किसी भी क्षेत्र में नेतृत्व देने या निर्णय करने के स्थानों पर बैठे हुए हैं। अगर मेरी यह पुस्तक अपने पाठकों के बीच थोड़ा सा भी सकारात्मक सोच पैदा कर सकी, उन्हें थोड़ा सा भी प्रेरित कर सकी और देश के हित में सोचने के लिए बाध्य कर सकी तो मैं अपना प्रयास सार्थक समझूंगा।

भावनात्मकता के साथ आपका
'सहाराश्री' सुब्रत रॉय सहारा

चुनाव पद्धति एवं नेतृत्व

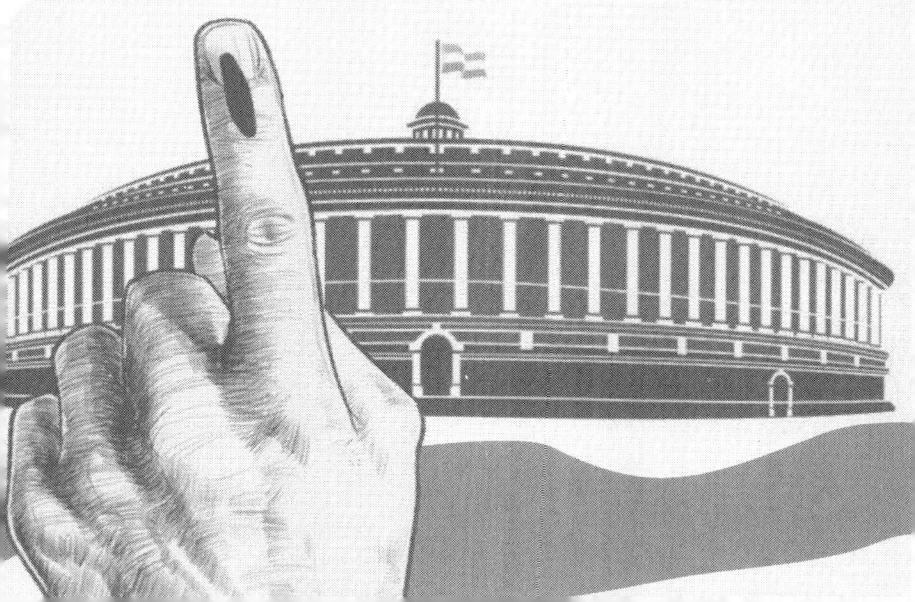

किसी भी लोकतांत्रिक व्यवस्था के सुचारू संचालन के लिए शक्तिशाली जन नेताओं का होना आवश्यक है क्योंकि ये जन नेता ही बहुमत के आधार पर सरकार बनाते हैं और देश के हित में नियम-कानूनों का निर्माण करते हैं। इसी तरह शासन की व्यवस्थाओं में जन भागीदारी भी अत्यधिक महत्वपूर्ण है। जब जन नेता योग्य, सक्षम और ईमानदार हों जिनका भावनात्मक दायरा इतना विशाल हो कि वे सभी वर्ग के लोगों को इसमें समाहित कर सकें तभी स्वस्थ जन भागीदारी सुनिश्चित हो सकती है और देश के हित में सही निर्णय लिये जा सकते हैं।

1. चुनाव पद्धति एवं नेतृत्व

हम विश्व के विशालतम लोकतंत्र के गौरवशाली नागरिक हैं। किसी भी लोकतांत्रिक व्यवस्था के सुचारु संचालन के लिए शक्तिशाली जन नेताओं का होना आवश्यक है क्योंकि ये जन नेता ही बहुमत के आधार पर सरकार बनाते हैं और देश के हित में नियम-कानूनों का निर्माण करते हैं। इसी तरह शासन की व्यवस्थाओं में जन भागीदारी भी अत्यधिक महत्वपूर्ण है। जब जन नेता योग्य, सक्षम और ईमानदार हों जिनका भावनात्मक दायरा इतना विशाल हो कि वे सभी वर्ग के लोगों को इसमें समाहित कर सकें तभी स्वस्थ जन भागीदारी सुनिश्चित हो सकती है और देश के हित में सही निर्णय लिये जा सकते हैं।

लेकिन आज स्थिति ठीक इसके विपरीत दिखाई देती है। इस समय संकुचित भावनात्मक दायरे वाले लोग नेतृत्व के स्थान पर आ गये हैं। ऐसे नेतागण जो आजादी से पूर्व आजादी के संघर्ष में शामिल थे और जो देश में एक मजबूत लोकतंत्र और लोकतांत्रिक संस्कृति की स्थापना के लिए प्रयासरत थे, आज आम तौर पर दिखाई नहीं देते। उस समय के प्रमुख नेतागण नैतिक मूल्यों का पालन करते थे और उन नैतिक मूल्यों के आधार पर ही नेतृत्व प्रदान करते थे लेकिन आज ज्यादातर अनैतिक और संकुचित भावनात्मक दायरे वाले नेताओं ने नेतृत्व के स्थान घेर लिये हैं।

एक स्वस्थ लोकतंत्र के लिए यह आवश्यक है कि किसी भी

सार्वजनिक निकाय की निर्धारित अवधि समाप्त होने पर स्वतंत्र और निष्पक्ष चुनाव हों और सही लोग चुनकर लोकसभा या विधानसभाओं में जायें, लेकिन ऐसा नहीं हो रहा। तब सवाल पैदा होता है कि क्या हमारी चुनाव पद्धति दोषपूर्ण है या जटिलताओं से भरी हुई है? क्या चुनाव जीतने के लिए अनाप-शनाप धन खर्च किये जाने की वजह से लोकतांत्रिक मूल्यों का ह्रास हो रहा है और यह प्रवृत्ति हमारे संवैधानिक ढांचे की जड़ों पर प्रहार कर रही है?

आज इन सवालों के जवाब तलाशना बेहद जरूरी है। यह जानना जरूरी है कि अगर ऐसा हो रहा है तो क्यों हो रहा है? इसी विषय पर विचार करने के लिए मैंने चुनाव पद्धति और नेतृत्व के दो मुद्दों को यहां उठाया है जो परस्पर एक-दूसरे से जुड़े हुए हैं।

संकुचित-सीमित दायरे वाले व्यक्ति नेतृत्व के स्थान पर बहुत घातक होते हैं

अनैतिकता और नैतिकता : उच्च नैतिक मूल्यों वाले और अनैतिक मूल्यों वाले लोग

आप यह भलीभांति जानते हैं कि छोटी जिम्मेदारी पर बैठा व्यक्ति अपनी जिम्मेदारी ठीक से नहीं निभाता है तो छोटा नुकसान करता है, लेकिन यदि बड़ी जिम्मेदारी पर बैठा व्यक्ति अपनी जिम्मेदारी ठीक से नहीं निभाता है तो वह बड़ा नुकसान करता है। इसलिए बड़े नेतृत्व देने वाले यानी बड़े अभिभावक की जिम्मेदारी पर रहने वाले लोगों के दायरे का विस्तार अपनी जिम्मेदारी के दायरे तक अगर स्थायी रूप से न पहुंचे तो बहुत ही दुखदायी और खतरनाक स्थिति बन जाती है।

इस बात को समझाने के लिए यहां मैं एक मनुष्य के भावनात्मक दायरे को पांच श्रेणियों में रखता हूं, नामतः 'मैं', 'मेरा', 'हम', 'हम सब' और 'हम लोग'।

'मैं' केवल स्वयं तक सीमित एक संकुचित भावनात्मक दायरे को प्रकट करता है; 'मेरा' एक सीमित भावनात्मक दायरे को प्रकट करता है जो केवल निकटतम पारिवारिक सदस्यों तक पहुंचता है जिनमें माता-पिता, पति-पत्नी, भाई-बहन, बच्चे आदि शामिल होते हैं; 'हम' उस बड़े और संतोषप्रद भावनात्मक दायरे का प्रतीक है जिसमें व्यक्ति का कार्यस्थल आता है जहां से वह अपनी आजीविका तथा अन्य भौतिक वस्तुओं के साथ-साथ सम्मान भी प्राप्त करता है; 'हम सब' का तात्पर्य उस भावनात्मक दायरे से है जो व्यक्ति के अपने देश और समाज तक विस्तृत होता है जहां व्यक्ति देश की (देशवासियों की) आवश्यकताओं और इच्छाओं को पूरा करने के लिए अपने कर्तव्यों का उचित निर्वाह करके भावनात्मक संतुष्टि प्राप्त करता है; 'हम लोग' उस विशाल और विस्तृत भावनात्मक दायरे का प्रतीक है जिसमें समूची मानवता समाहित हो जाती है।

ऐसे लोग जो जिम्मेदारियों के बड़े पदों पर बैठे होते हैं यानी जो समाज, प्रांत या राष्ट्र के दायित्वों का निर्वाह नेता या अभिभावक के तौर पर करते हैं, यदि ऐसे लोग 'मैं' के संकुचित दायरे में रहने वाले होते हैं तो समाज, प्रांत और राष्ट्र में विनाश फैला देते हैं। 'मैं' और 'मेरा' के दायरे में रहने वाले ये नेतागण समाज, प्रांत और राष्ट्र को अव्यवस्था की हालत में ले आते हैं। ये लोग अगर 'हम' के दायरे में भी हों तब भी समाज, प्रांत या राष्ट्र के प्रति न्याय नहीं कर पाते।

जब तक नेतृत्व देने वाले व्यक्तियों का भावनात्मक दायरा इतना विस्तृत न हो जाये कि समाज, प्रांत या राष्ट्र के लोग उनके भावनात्मक

दायरे में स्थायी रूप से समा जायें, तब तक उनके अंदर वांछित, उत्साहित ऊर्जाएं जाग्रत नहीं होंगी और न ही वे अपनी क्रियाओं में, प्रतिक्रियाओं में, योजनाओं को बनाने में, निर्णयों में, निर्देशों में, उस दायरे के समूह के प्रति न्याय कर सकेंगे।

इस बात को आप दूसरी तरह से भी ठीक से समझ सकते हैं- अमूमन आज लोग यह कहते हैं, पूछते हैं कि वैसे समर्पित लोग कहां गये जिन्होंने अपने देश को आजाद कराया था। मैं इस बात को अच्छी तरह से समझता हूं कि दुनिया में हर जगह और हर युग में विशाल भावनात्मक दायरे के यानी उच्च नैतिक मूल्य वाले लोग हमेशा रहे हैं और भविष्य में भी रहेंगे और साथ ही अनैतिक मूल्य वाले लोग यानी भावनात्मक रूप से 'मैं' या 'मेरा' के संकुचित और सीमित दायरे में रहने वाले लोग भी हमेशा रहे हैं और रहेंगे।

उच्च नैतिक मूल्यों वाले व्यक्ति वे होते हैं जिनका भावनात्मक दायरा बड़े से बड़े समूह के साथ भावनात्मक रूप से स्थायी तौर पर जुड़ा होता है और चूंकि वे भावनात्मक रूप से जुड़े होते हैं तो उन्हें उस समूह के प्रति सोते-जागते, चलते-फिरते भला करने में, न्यायोचित ढंग से अपने कर्तव्य को निभाने में ही भावनात्मक संतुष्टियां मिलती हैं। नैतिक मूल्य वाले लोग हमेशा इसी प्रकार की संतुष्टि पाना चाहते हैं और अगर वे लोगों के लिए अच्छा नहीं कर पाते हैं तो असंतुष्ट रहते हैं। यह ऐसी असंतुष्टि होती है जिससे वे हमेशा बचना चाहते हैं। यह असंतुष्टि भावनात्मक असंतुष्टि होती है जो उनके आंतरिक व्यक्तित्व यानी आध्यात्मिक व्यक्तित्व के लिए जहर का काम करती है।

ऐसी स्थितियों में जब समूह को ऐसे ही विशाल भावनात्मक दायरे वाले किसी व्यक्ति से न्यायोचित ढंग से लाभ मिलता है तो समूह ऐसे ही व्यक्तियों को 'नैतिक मूल्यों वाले' व्यक्ति की संज्ञा देता है।

और इसके विपरीत 'मैं' के बहुत संकुचित दायरे में रहने वाले लोगों से निरंतर उनकी अन्यायपूर्ण क्रियाओं, प्रतिक्रियाओं, योजनाओं, निर्णयों इत्यादि से क्षति पहुंचती रहती है तो समूह ऐसे व्यक्ति को 'अनैतिक मूल्यों वाले' व्यक्ति की संज्ञा देता है। नैतिक मूल्य वाले व्यक्तियों या अनैतिक मूल्य वाले व्यक्तियों की अलग-अलग श्रेणियां भी होती हैं।

यहां मैं एक ऐसे पिता का उदाहरण रखना चाहूंगा जो अपने दो बच्चों के लिए भगवान के समान था लेकिन अपने कार्यस्थल पर शैतान जैसा था, जहां उसे अनैतिक मूल्य वाला व्यक्ति माना जाता था। पिता के भावनात्मक दायरे में स्थायी रूप से उसका बेटा और बेटी समाए हुए थे। पिता ने अपनी भावनात्मक संतुष्टि रूपी आहार पाते रहने के लिए अपने बेटे और बेटी के भरण पोषण में कोई कसर नहीं छोड़ी। बेटा और बेटी भी अपने कर्तव्यों को बहुत समर्पित (यानी स्थायी रूप से भावनात्मक रूप से संलग्न) होकर पूरे उत्साह के साथ निभाते गये। पिता भी बेटा या बेटी के प्रति अपने कर्तव्य को बहुत समर्पित (यानी स्थायी रूप से भावनात्मक रूप से संलग्न) होकर पूरे उत्साह के साथ निभाता रहा। बेटा-बेटी का जीवन बहुत सुंदर हुआ। बेटे का जीवन अच्छी तरह स्थापित हुआ। बेटी की बेहतरीन शादी हुई और बेहतरीन तरीके से उसका जीवन भी स्थापित हुआ।

इस बेटे और बेटी से जब पूछा गया कि इस दुनिया में सबसे ज्यादा नैतिक मूल्य वाला व्यक्ति कौन है, दूसरे शब्दों में, आप के लिए भगवान के रूप में कौन है, तो दोनों ने अपने पिता का ही नाम लिया, बल्कि उन दोनों ने तो पिता को भगवान की ही संज्ञा देनी चाही।

लेकिन जब पिता के कर्मस्थल में जाकर उसके बारे में पूछा गया तो कर्मस्थल के लोगों ने एक स्वर में उस पिता को अनैतिक मूल्य

वाले व्यक्ति की संज्ञा दी। कर्मस्थल के लोगों ने उसके बारे में यह भी कहा कि उसने कभी मन लगाकर ढंग से संस्था के लिए काम नहीं किया, फांकीबाजी (कामचोरी) करके केवल अपने परिवार यानी परिवारजनों (बेटा-बेटी इत्यादि) के सुख की चाहत में ही मशगूल रहता था। उसके भावनात्मक दायरे में स्थायी रूप से केवल उसके बेटा-बेटी इत्यादि परिवारजन ही समाए हुए थे और वह अपने पूर्ण 'मैं' और अपने 'मेरा' का संस्था तक स्थायी रूप से विस्तार कभी नहीं कर पाया।

यह बात साफ समझ में आ जाती है कि एक व्यक्ति अपने भावनात्मक दायरे में समाए लोगों के प्रति समर्पित होकर, समय की मांग के अनुसार बिना किसी अपेक्षा के पूरे कर्तव्यबोध के साथ निरंतर कर्तव्य-निर्वाह करता है। और उसके भावनात्मक दायरे के अंदर आने वाले लोगों को बदले में बिना किसी अपेक्षा के निरंतर लाभ मिलता है। इसलिए अत्यधिक लाभ प्राप्त करने वाले बेटा-बेटी अपने पिता को भगवान समझते हैं। और क्योंकि उस पिता के सीमित दायरे की वजह से संस्था को लाभ नहीं मिलता, बल्कि क्षति पहुंचती है तो संस्था की निगाह में वह पिता रूपी व्यक्ति अनैतिक है, बकवास है और शैतान है।

जब कोई व्यक्ति बिना किसी अपेक्षा के केवल अपना कर्तव्य निभाने के उद्देश्य से ही लोगों को लाभ पहुंचाता है तो उसे ही उपकारी और नैतिक व्यक्ति कहा जाता है।

अब यह बात अच्छी तरह समझ में आ सकती है कि विधायिका, न्यायपालिका, कार्यपालिका, शिक्षा, कॉर्पोरेट जगत और मीडिया के क्षेत्रों में कर्तव्यों के निर्वाह के लिए जिम्मेदार पदों पर बैठे संकुचित और सीमित भावनात्मक दायरे के जिम्मेदार लोग समाज और देश के लिए कितने खतरनाक होते हैं। यहां मैं जोर देकर टिप्पणी करना चाहूंगा

कि ऐसे लोगों के लिए सभी तरह की परीक्षाओं और चयन पद्धतियों के अलावा उनके **भावनात्मक दायरे की पहचान का पैमाना भी कड़ाई से लागू किया जाना चाहिए** (मैं व्यक्तिगत तौर पर इसका तरीका बता सकता हूं) और उन्हें जीवन की शिक्षा भी नियमित तौर पर प्रदान की जानी चाहिए।

गांधी जी को राष्ट्रपिता की संज्ञा दी गयी क्योंकि उनका भावनात्मक दायरा इतना विशाल था कि उसमें स्थायी रूप से पूरा देश समा गया और इसलिए उनकी कर्तव्यपरायणता हमेशा केंद्रित रही देश और देशवासियों के हित में। इसी तरह गौतम बुद्ध का भावनात्मक दायरा इतना विशाल था कि पूरी मानवता स्थायी रूप से उसमें समा गयी थी और उन्हें भगवान की संज्ञा दी गयी।

इसलिए शांति, सुख, संतुष्टि के साथ सुंदर और बृहद संतुष्ट जीवन जीने के मामले में या पूर्ण सुरक्षाबोध के साथ आवश्यक और इच्छित धन, सम्मान और प्यार पाने के मामले में *(इस संबंध में अपनी पुस्तक 'लाइफ मंत्रास' में मैंने विस्तार से चर्चा की है)*, इस बात पर भी ध्यान दिया जाये कि किसी व्यक्ति को सम्मान की तुलना में धन की उतनी इच्छा नहीं होती और किसी को सम्मान को परवाह नहीं होती बल्कि उसको धन की लालसा ज्यादा होती है। मगर बृहद भावनात्मक दायरे वाले लोगों में अमूमन यह देखा जाता है कि धन की इच्छा केवल आवश्यकता के अनुसार ही होती है यानी तुलनात्मक रूप से कम होती है। भावनात्मक संतुष्टि रूपी आहार उनको बहुत अधिक चाहिए होता है। ऐसे बृहद दायरे के व्यक्तियों का आंतरिक व्यक्तित्व यानी आध्यात्मिक व्यक्तित्व बाह्य व्यक्तित्व से कहीं ज्यादा बड़ा होता है इसलिए उन्हें प्यार की संतुष्टि पाने की तमन्ना प्राथमिक तौर पर बहुत होती है यानी वे दूसरों के प्रति निरंतर और उत्साहपूर्वक सभी जायज

कर्तव्यों का निर्वाह करके निरंतर भावनात्मक संतुष्टि पाना चाहते हैं।

दूसरी ओर, भावनात्मक रूप से संकुचित लोग अपने कर्तव्यों को नहीं जानते, वे केवल अपने अधिकारों को ही जानते हैं। वे न यह जानते हैं और न जानना चाहते हैं कि अधिकार जायज कर्तव्यों के निर्वाह के लिए दिये जाते हैं न कि अपनी व्यक्तिगत मनमानी सनक या लालच को पूरा करने के लिए। उदाहरण के लिए सीमा पर तैनात एक सिपाही अपने हथियार से सैकडों शत्रुओं को मार दे तो उसे वीरता का पुरस्कार मिलता है लेकिन अगर वही सिपाही अपने गांव के जमीन के व्यक्तिगत झगड़े में अपने उसी अधिकार रूपी हथियार से एक व्यक्ति को भी मार देता है तो वह फांसी की सजा का हकदार हो जाता है। उसे हथियार सीमा पर कर्तव्य निभाने के लिए दिया गया है न कि अपनी व्यक्तिगत सनक पूरा करने के लिए।

आजादी के पहले और आजादी के बाद का नेतृत्व : चुनावी खर्च

आप अगर कभी देश-समाज की चर्चा करने बैठते होंगे तो अमूमन आजादी की बात भी करते होंगे। आजादी से पहले और बाद की स्थितियों की भी तुलना करते होंगे। तब के और आज के नेताओं के व्यक्तित्वों की भी तुलना करते होंगे। आप भी मानेंगे कि तब लोग आम तौर पर नैतिक मूल्यों वाले थे।

फिर भी मैं कहना चाहूंगा कि आजादी से पहले भी राष्ट्रीय दृष्टिकोण से नैतिक मूल्य वाले यानी बहुत विशाल भावनात्मक दायरे वाले व्यक्तियों के साथ-साथ बहुसंख्य लोग ऐसे भी थे जो अनैतिक मूल्य वाले यानी संकुचित और सीमित भावनात्मक दायरे वाले व्यक्ति थे। चूंकि नैतिक मूल्य वाले व्यक्ति कम तादाद में थे (मैंने देखा है कि

हर जगह ऐसा ही होता है कि नैतिक मूल्य वालों की तादाद हमेशा ही कम ही होती है) और अनैतिक मूल्य के व्यक्तियों की तादाद बहुत ज्यादा थी इसीलिए आजादी मिलने में इतना ज्यादा समय भी लगा।

क्योंकि अनैतिक मूल्य वाले व्यक्ति सिर्फ अपने 'मैं' या 'मेरा' या ज्यादा से ज्यादा 'हम' के दायरे को ही प्यार करते हैं इसलिए ऐसे लोगों में समाज, प्रांत या राष्ट्र की धरती से स्थायी रूप से कोई मुहब्बत नहीं होती। ज्यादातर मामलों में ये बहुत अवसरवादी होते हैं। ऐसे लोगों को इन बातों से कोई खास लेना-देना नहीं होता कि देश पराधीन है या स्वाधीन। बस उनकी अपनी दाल-रोटी और जीवन की मस्तियां वगैरह चलती रहनी चाहिए।

भावनात्मक रूप से जो जिस दायरे में रहता है वह उस दायरे में रहने वाले लोगों के प्रति ही कर्तव्य निभाने को प्राथमिकता देता है। दायरे के बाहर के लोगों को वह तभी महत्व देता है जब उनसे अपना कोई बड़ा मतलब साधना हो या किसी तात्कालिक क्षति से बचना चाहता हो। वह इन सब बातों में बहुत हिसाब-किताब रखने वाला होता है।

आजादी से पहले नैतिकता वाले यानी विशाल भावनात्मक दायरे वाले जो लोग अग्रिम मोर्चे पर रहते थे, वे अच्छी तरह जानते थे कि किसी भी वक्त उन्हें गोली लग सकती है या आजादी के संघर्ष में उनका परिवार तबाह हो सकता है, मगर इसके बावजूद उनकी भावनाएं इतने विशाल दायरे में और इतनी उत्कृष्ट किस्म की होती थीं कि अंग्रेजों की गोलियां उनकी उत्साहित ऊर्जाओं को रोक नहीं पाती थीं। आजादी से पहले नैतिक वर्ग को अनैतिक वर्ग से अलग करने की यही तात्कालिक परीक्षा थी। उच्च नैतिक मूल्यों वाले लोगों (यानी बड़े नेतागण) का भावनात्मक दायरा इतना विशाल था कि अंग्रेजों की

गोलियों की परवाह किये बिना वे आगे बढ़ते थे और मजबूत नेतृत्व प्रदान करते थे। इस प्रकार विशाल भावनात्मक दायरे के नैतिक मूल्य वाले लोग आजादी के संघर्ष के जरिए छन कर ऊपर आ गये। परंतु ऐसे लोगों की संख्या बहुत कम थी।

मगर जब आजादी मिल गयी तो गोलियों का भय भी खत्म हो गया। शुरू-शुरू में देश को संवारने के इरादे से नैतिक मूल्यों वाले लोग साइकिल और बैलगाड़ी से चलकर बहुत ही कम खर्च में चुनाव जीतकर आते थे। मगर ज्यों-ज्यों वर्ष बीतते गये, चुनाव के खर्चे बढ़ते गये। आज एक-एक चुनाव क्षेत्र में करोड़ों रुपये फूंक दिये जाते हैं। आज स्थिति यह हो गयी है कि नैतिक मूल्य वाले लोग अपने आत्मसम्मान को किसी तरह से चोट पहुंचाकर, भीख मांगकर या किसी और तरीके से चुनाव लड़ने के लिए लाखों, करोड़ों रुपये एकत्रित नहीं कर सकते। नैतिक मूल्यों वाले लोगों के दो ही ऐसे वर्ग हो सकते हैं जो आज के जमाने में चुनाव लड़ सकें—या तो उनके बाप-दादे करोड़ों-अरबों रुपये उनके लिए छोड़ गये हों या उन्हें लाटरी में काफी पैसे मिले हों या 20, 30, 40, 50 वर्षों से राजनीति से जुड़े रहे हों।

बच्चों का लालन-पालन एक मां या पिता के भावनात्मक दायरे में ही होता है। भावनात्मक लगाव के कारण बच्चों के प्रति मां-बाप हमेशा न्याय ही करते हैं। वे कभी उनके साथ ऐसा अन्याय कर ही नहीं सकते जिससे बच्चों को क्षति पहुंचे। बच्चों के स्कूल की फीस काटकर वो छुट्टी या पिकनिक मनाने नहीं जा सकते। बच्चों की कीमत पर वे गद्दी पाने की ख्वाहिश नहीं कर सकते। बच्चों को नंगा रखकर खुद कपड़े पहनने का शौक पूरा नहीं कर सकते। मगर साथ ही मां-बाप यह भी नहीं चाहेंगे कि बच्चों के सामने (जिनके

प्रति स्थायी भावनात्मक संलग्नता है) उन्हें बार-बर अपमानित होना पड़े या बच्चों की नजरों में उनका सम्मान गिरे। वे ऐसा नहीं करेंगे कि भीख मांगकर, छीनकर, झपटकर पैसा लाते रहें और उससे अच्छे कपड़े इत्यादि का शौक पूरा करें। ऐसा कहकर मैं यह बताना चाहता हूं कि जिस दायरे तक भावनाएं जुड़ी होती हैं उस दायरे तक व्यक्ति स्वाभिमानी या आत्मसम्मानी होता ही है।

इसी तरह से जिन व्यक्तियों के भावनात्मक दायरे में समाज, प्रांत या राष्ट्र आता है, वैसे नैतिक मूल्य वाले व्यक्ति समाज, प्रांत या राष्ट्र के इस दायरे में बहुत स्वाभिमानी होंगे, आत्मसम्मानी होंगे (नहीं तो सम्मान रूपी भावना की असंतुष्टि उन्हें परेशान कर देती है, उनकी शक्तियों को क्षीण कर देती है)। हर मनुष्य भावनात्मक असंतुष्टि से हमेशा दूर रहना चाहता है, चाहे उसके लिए उसे कुछ भी करना पड़े।

चुनाव प्रक्रिया में नैतिक और अनैतिक लोगों की भिन्न भूमिकाएं

आज चुनाव जीतकर देश के लिए अच्छा काम करने की नैतिक लोगों की ख्वाहिश इसलिए दब जाती है क्योंकि वे अनैतिक मूल्य वाले लोगों की तरह करोड़ों रुपये के लिए न ही भीख मांग सकते हैं न ही रेस का घोड़ा बन सकते हैं। यानी आज जिन लोगों से चुनाव के लिए पैसा लें तो कल गद्दी पर बैठने के बाद देश, समाज के छोटे-बड़े कर्तव्यों के साथ गद्दारी करें और जिनसे पैसा लें उनका काम करते रहें। विशाल भावनात्मक दायरे वाले लोग यानी कि नैतिक मूल्य वाले लोग ऐसा कभी नहीं कर पाते।

जैसा कि मैंने कहा था, देश की आजादी से पहले नैतिक मूल्य वाले लोग कठिन संघर्ष और परीक्षा के दौर से छनकर ऊपर आ गये

थे। आज चुनावी खर्च करोड़ों रुपये में पहुंच गया है और साथ ही हिंसा चुनावों का अविभाज्य अंग बन गयी है।

आजादी के बाद अनैतिक मूल्यों वाले लोग जो आज गलत तौर-तरीके अपनाकर ऊपर आ गये हैं और नेतृत्व के स्थानों पर कब्जा कर रहे हैं, ब्रिटिश काल के उन अवसरवादी वर्ग के लोगों की तरह हैं जो खाने-पीने तथा मौज-मस्ती में लगे रहते थे यानी आजादी से पहले जो अपने अवसरवादी व्यवहार के कारण पीछे छिपे रहते थे, वैसे ही लोग आज पैसे और बंदूक की ताकत से नेतृत्व के स्थानों को घेर रहे हैं।

इस तरह आजादी से पहले नेतृत्व की परीक्षा उन विशाल भावनात्मक दायरे वाले लोगों के लिए होती थी जो अपने सीने पर गोलियां खाने के लिए तैयार रहते थे, ठीक उस मां की तरह जो अपने बच्चे की खातिर अपने सीने पर गोलियां खा सकती है। लेकिन आज नेतृत्व की परीक्षा में वे लोग शामिल हो रहे हैं जो उल्टे-सीधे तरीकों से पैसा बना सकते हैं, बंदूक का इस्तेमाल कर सकते हैं और आपराधिक तत्वों से सांठ-गांठ किये रह सकते हैं।

मेरा आशय किसी भी देश के लिए यह नहीं है कि उनके यहां बड़े भावनात्मक दायरे के मालिक या नैतिक मूल्यों वाले लोग नेतृत्व के स्थान पर बहुत कम हैं। आशय यह है कि छोटे या सीमित दायरे के अनैतिक मूल्यों वाले लोग बहुत अधिक प्रतिशत में नेतृत्व के स्थान पर आते चले जा रहे हैं।

बार-बार चुनाव होने के कारण नेतृत्व देने वाले लोगों में असुरक्षा की भावना

मैंने लोगों में अपने पद और प्रभुत्व का दिखावा करने की एक खास

प्रवृत्ति देखी है जो मेरे विचार से उनकी असुरक्षा को भावना की वजह से पैदा होती है। दूसरे शब्दों में, जब वे महत्वपूर्ण पदों पर होते हैं तो असुरक्षा की भावना के कारण अपने प्रभुत्व का खासा दिखावा करते हैं। उनके अंदर की यह असुरक्षा की भावना अपने पद को खो देने की आशंका से पैदा होती हे कि एक दिन उनका सारा प्रभुत्व और प्रभाव खत्म हो जाएगा और तब दूसरों को दिखाने के लिए उनके पास कुछ नहीं रह जाएगा।

मुझे एक पूर्व नागरिक उड्डयन मंत्री का उदाहरण याद आता है जिसे अपने पद और प्रभुत्व का दिखावा करके दूसरों को प्रभावित करने में हमेशा गर्व का अनुभव होता था। एक बार वह हवाई अड्डे पर वाहनों के अपने बड़े काफिले के साथ आया, लोग बड़ी संख्या में उसे हवाई अड्डे पर छोड़ने आये थे। उसने अपने पद और प्रभुत्व का दिखावा करने में कोई कसर नहीं छोड़ रखी थी। बाद में, जब वह उड्डयन मंत्री नहीं रहा, मैंने एक बार फिर उसे हवाई अड्डे पर देखा। लेकिन इस बार वह अपनी फिऐट कार में आया था और उसके साथ न लोग थे न कोई ताम-झाम। ऐसा इसलिए था क्योंकि अब वह मंत्री नहीं था और इस कारण उसके पास प्रभुत्व भी नहीं बचा था। इस बार उसके पास दूसरों को दिखाने के लिए कुछ नहीं था। इसलिए उसने इस डर से कि कहीं लोग उसको बिना पद और प्रभुत्व वाले पूर्व उड्डयन मंत्री के रूप में न पहचान लें, उसने अपने आगमन को बहुत ही साधारण रखा था और इसका कारण था कि बिना पद और प्रभुत्व के वह व्यक्तिगत रूप से स्वयं को बहुत ज्यादा असुरक्षित महसूस कर रहा था।

आज नेतृत्व देने वाले लोगों में इसी तरह की असुरक्षा की भावना बनी रहती है क्योंकि प्रति 5 वर्ष में चुनाव होते हैं और कभी-कभी

मध्यावधि में भी चुनाव हो जाते हैं। चुनाव जीतकर आये नेताओं में यह डर रहता है कि पता नहीं वे अगला चुनाव जीतेंगे भी या नहीं इसलिए ऐसे लोग स्वार्थवश एक ही चुनावी जीत से अपने लिए ज्यादा से ज्यादा पा लेना चाहते हैं। इसलिए अपने कर्तव्यों के प्रति उनकी उदासीनता लगातार बढ़ रही है।

यहां सवाल उठता है कि ऐसी स्थिति के लिए कौन जिम्मेदार है। मैं कहूंगा कि आज ऐसी स्थिति के लिए सिर्फ वे लोग ही जिम्मेदार हैं जो नेतृत्व प्रदान कर रहे हैं। जब ऐसा कोई चुना हुआ व्यक्ति जनता के हित में अपने तात्कालिक और दीर्घकालिक कर्तव्यों को पूरा करने में असफल रहता है तो जनता ऐसे व्यक्ति को हराकर दूसरे व्यक्ति को विजयी बना देती है और जब दूसरा व्यक्ति भी जनता की अपेक्षाओं पर खरा नहीं उतरता तो वह फिर पहले व्यक्ति को ले आती है या फिर किसी तीसरे व्यक्ति को चुन लेती है। जनता चुने हुए व्यक्तियों से निराश होती रहती है और इस उम्मीद में कि कोई तो उनके 'मैं' की संतुष्टि के लिए काम करेगा, चौथे या पांचवे को विजयी बना देती है। जब वह सरकार के विरुद्ध नयी पार्टियों के नेताओं के आकर्षक और लच्छेदार भाषणों को सुनती है तो उसे लगने लगता है कि नयी पार्टी और उसके नेता उसका भला करेंगे, लेकिन यहां भी जनता को निराशा होती है और यह दुष्चक्र चलता रहता है।

ऐसी भयावह स्थिति से उबरने के लिए मेरा तो जबर्दस्त सुझाव होगा कि अपने देश में जब तक नैतिक मूल्य वाले नेताओं का पूरी तरह से आविर्भाव न हो जाये तब तक सारे राजनीतिक नेताओं को माइक में उल्टे-सीधे लेक्चर झाड़ने की पूरी तरह से कानूनन मनाही हो जाये—जिनको जो बोलना है सफेद-स्याह हैंडबिल के जरिये लिखकर उस क्षेत्र में बंटवा दें—उसमें लिखने वाले के दस्तखत (दस्तखत दो

अधिकारियों द्वारा सत्यापित भी हों) और गवाही देने वाले के दस्तखत भी मुद्रित हों और उस क्षेत्र के अखबार इन लिखित बातों को नियमतः कानूनी तौर पर प्रकाशित करें।

चुनावों के दौरान बढ़ता हुआ खर्च—एक विचलित करने वाली प्रवृत्ति

इसमें कोई संदेह नहीं है कि कुल मिलाकर मानव समाज के सुंदर अस्तित्व के लिए लोकतांत्रिक व्यवस्था ही सर्वश्रेष्ट व्यवस्था है। लेकिन चुनावों में लगातार बढ़ते हुए खर्च के कारण संकुचित दायरे वाले अनैतिक नेतागण लोकतांत्रिक व्यवस्था को बंदूक की तरह एक गलत हथियार के बतौर इस्तेमाल कर रहे हैं। पता नहीं लगता यह बंदूक कब कहां दग जाये। लेकिन यह लगातार दागी जा रही है और दुष्परिणाम यह हो रहा है कि बहुत ही सुंदर मूल्यों, मान्यताओं और परंपराओं वाले हमारे प्यारे देश के व्यक्तित्व की नींव लगातार प्रहार होते रहने के कारण कमजोर हो रही है।

क्योंकि चुनाव खर्च खुलेआम बढ़ रहा है इसलिए यह अपरिहार्य-सा बन गया है कि संकुचित दायरे वाले लोग जो चोर, गुंडे, बदमाश हैं अपनी धन शक्ति के बल पर चुनाव जीतकर नेतृत्व वाले स्थानों पर पहुंच रहे हैं। आज यही हो रहा है। मैं यह उल्लेख करना जरूरी समझता हूं कि अगर चुनावी खर्च ऐसे ही लगातार बढ़ता रहा तो नैतिक मूल्यों वाले लोग नेतृत्व के स्थान से पूरी तरह निकालकर बाहर कर दिये जाएंगे और अनैतिक मूल्यों वाले लोग ही राजनीतिक कुर्सियों पर कब्जा करते दिखाई देंगे।

यहां यह भी समझना जरूरी है कि जहां ऊल-जुलूल तरीके से, तमाम गलत तरीके अपनाकर गलत धन एकत्रित किया जाता है वहां

'मैं' के संकुचित सीमित दायरे में रहने वाले छोटे-बड़े अनैतिक लोग गुंडे, बदमाश और अराजक तत्व चीटियों की तरह चिपक जाते हैं। अनैतिक मूल्य वाले लोग जो नेतृत्व के स्थान पर होते हैं अपने संकुचित 'मैं' को महत्व देने के चक्कर में इन गुंडे, बदमाशों को काफी अहमियत दे देते हैं। इस तरह असामाजिक और अराजक तत्वों का बोलबाला बढ़ता जाता है और एक बहुत ही खतरनाक स्थिति पैदा हो जाती है।

एक और बात समझने की है कि यह सिलसिला लगातार जारी रहता है क्योंकि चुनाव एक बार तो होना नहीं है। अगर चुनाव एक ही बार होता तो नेतृत्व देने वाले लोग शायद रेस के घोड़े की भांति पैसा लगाने वाले लोगों से या गुंडे, बदमाश और तमाम अराजक तत्वों से हाथ जोड़कर छुटकारा पा लेते। मगर ऐसा हो नहीं सकता क्योंकि हर पांच साल बाद चुनाव होने हैं और अब तो बीच-बीच में मध्यावधि चुनाव भी हो जाते हैं।

चुनावों के दौरान मतदाताओं की लाचारी

आप कह सकते हैं कि लोकतांत्रिक व्यवस्था के उचित संचालन के लिए मतदाताओं की भूमिका बहुत महत्वपूर्ण होती है क्योंकि वे ही सही या गलत प्रत्याशी को चुनकर नेतृत्व के स्थान पर भेजते हैं। दरअसल, यह मतदाताओं की मजबूरी हो गयी है क्योंकि सारी की सारी पार्टियां और नेता एक ही थैली के चट्टे-बट्टे हैं। ऐसा राजनीतिक नेता जो गलत तरीके अपनाकर चोरी-चकारी करके चुनाव जीतता है वह कभी भी स्वाभिमानी नैतिक व्यक्तित्व का मालिक नहीं हो सकता। ऐसे लोगों के भावनात्मक दायरे का विस्तार, केवल अस्थायी विस्तार, ज्यादा से ज्यादा अपनी पार्टी तक ही हो सकता है, वह भी तभी तक

जब तक कि ऐसे नेताओं के हित उस पार्टी विशेष से पूरे होते हों।

देश में ऐसे लोगों को जो लाखों-करोड़ों खर्च करके और गलत-सलत हथकंडे अपनाकर चुनाव लड़ते और जीतते हैं, वे चाहे किसी भी पद पर हों, यह मान लेना चाहिए कि वे संकुचित और सीमित दायरे के लोग हैं। जहां कहीं भी ऐसे संकुचित दायरे के लोग नेतृत्व प्रदान करते हैं वहां वे ऐसा भ्रष्टाचार और ऐसा अराजक माहौल पैदा कर देते हैं (यह प्राकृतिक मानवीय नियम है कि ऐसे नेतृत्व के आगे समर्पण कर देने वाले जन मानस का भी भावनात्मक दायरा संकुचित हो जाता है) कि अनैतिकता प्लेग की तरह समाज में फैल जाती है।

संकुचित भावनात्मक दायरे वाले लोगों को बड़ी जिम्मेदारियों से हटा दिया जाना चाहिए

ऐसे लोग जो 'मैं' और 'मेरा' के बहुत ही संकुचित भावनात्मक दायरे में रहते हैं उनको भीख मांग कर लाने में, रेस का घोड़ा बनने में या अपने तमाम कर्तव्यों के साथ गद्‌दारी करने में रत्ती भर परेशानी नहीं होती। जहां भावनाएं ही नहीं जुड़ी हैं वहां कुछ भी ऊलजुलूल, ऊटपटांग करने में कभी परेशानी होती ही नहीं। बल्कि संकुचित या सीमित भावनात्मक दायरे वाले लोग यानी कि 'मैं' और 'मेरा' वाले लोग ज्यादा से ज्यादा धन, सम्मान और प्यार पाने के चक्कर में नेतृत्व के स्थानों को हड़पने की कोशिश में ही लगे रहते हैं जो धन और मान्यता पाने के सबसे बड़े स्रोत हैं।

नेतृत्व देने वाले ऐसे संकुचित दायरे के लोगों को दो श्रेणियों में विभक्त किया जा सकता है—एक, वो जो पूरी तरह भ्रष्ट हैं और बेशर्मी के साथ खुलेआम गलत कामों में लगे हुए हैं; दूसरे, वो यानी

सफेदपोश अनैतिक मूल्य के लोग, जो सामने कम से कम दिखावे में ठीक-ठीक बोलते हैं, ठीक-ठीक करते हैं, मगर पीछे अपने संकुचित दायरे के 'मैं' के लिए धन, सम्मान, प्यार की उपलब्धि और संतुष्टियों को पूरी प्राथमिकता देने में मशगूल रहते हैं।

इनके विपरीत श्रेणी नेतृत्व देने वाले उन लोगों की है जो विराट भावनात्मक दायरे के हैं, नैतिक मूल्य वाले हैं और जो देश, समाज की सेवा में ईमानदारी से लीन रहते हैं।

आप शायद सोच रहे होंगे, आपके अंदर एक छोटी-सी प्रतिक्रिया आ रही होगी कि आज के नेतृत्व देने वाले लोगों को इतना ज्यादा प्यार और सम्मान कहां से मिलता है? दरअसल, जो बहुत संकुचित दायरे के लोग होते हैं वे अपने पद और हैसियत से ही सम्मान, प्यार की अनुभूति खूब बटोर लेते हैं। कारण यह है कि अज्ञानतावश आज आम आदमी लोगों को उनके उस पद या बाह्य व्यक्तित्व से पहचानता है जो धन और पद के प्रभुत्व से संबंधित होता है। इसलिए तथाकथित नेता लोग बाह्य व्यक्तित्व के आहार को पाने में ही जुटे रहते हैं, चाहे आंतरिक व्यक्तित्व के साथ उनका पूर्ण व्यक्तित्व कितना भी खोखला क्यों न हो। वे केवल अपने बाह्य व्यक्तित्व के आहार को ही पहचानते और समझते हैं और हमेशा अधिक से अधिक धन पाने के चक्कर में रहते हैं, भले ही किसी का कोई भी नुकसान हो। उनकी अवस्था उस दांत के डॉक्टर की तरह होती है जो बॉक्सिंग के मुकाबले को देखते समय कभी एक बॉक्सर की हौसलाअफजाई करता था तो कभी दूसरे की। जब उससे पूछा गया कि तुम दोनों की हौसलाअफजाई क्यों कर रहे हो तो उसने जवाब दिया कि दोनों में से किसी के भी दांत टूटें फायदा मेरा ही होगा।

हां, मैं अपनी यह बात सब पर लागू नहीं करना चाहता। बहुत से

ऐसे भी राजनेता हैं, खास तौर पर वरिष्ठ श्रेणी में, जो संदेह से परे हैं और निश्चित तौर पर बड़े भावनात्मक दायरे वाले हैं और वे समाज और देश की भलाई के बारे में सोचते हैं और भलाई करना चाहते हैं। लेकिन वे संख्या में इतने कम हैं कि वे संकुचित और सीमित भावनात्मक दायरे में रहने वाले लोगों की विशाल संख्या के सामने असहाय हैं।

मैं दोहराकर कहता हूं कि एक ऐसी बहुत ही कड़ी व्यवस्था होनी चाहिए जिससे राजनीति, प्रशासन या न्यायपालिका या शिक्षा या मीडिया या बड़े कॉर्पोरेट घरानों में संकुचित भावनात्मक दायरे वाले ऐसे लोग, जो भले ही जानकार और बुद्धिमान हों, नेतृत्व के स्थान पर नहीं चुने जा सकें, और अगर चुन भी लिये गये हों तथा बाद में पता लगे कि वे संकुचित दायरे वाले हैं तो उन्हें हर सूरत में बड़ी जिम्मेदारियों से हटा दिया जाना चाहिए।

हम सहारा में इस नियम का कड़ाई से पालन करते हैं। हमारा दृढ़ विश्वास है कि एक व्यक्ति जो बहुत अधिक उच्च शिक्षा प्राप्त है, ज्ञानी है, तीव्र बुद्धि वाला है, लेकिन उसके अंदर अच्छे मानवीय गुण और चरित्र नहीं हैं यानी कि जो संकुचित भावनात्मक दायरे वाले हैं, हमारे परिवार में उनकी कोई जगह नहीं है, विशेषकर वरिष्ठ पदों पर। हम उन्हें हटा देते हैं और उनके स्थान पर हम सही और अच्छे व्यक्तियों को ले आते हैं, भले ही वे कम पढ़े-लिखे, कम जानकार और कम बुद्धिमान हों मगर जिनका भावनात्मक दायरा विशाल हो। ऐसे लोग हमेशा सही प्रतिभा को जगह देते हैं और बहुत अच्छे परिणाम देते हैं।

निश्चित तौर पर मेरा अनुभव कहता है कि जीवन के बारे में निरंतर शिक्षा लोगों को पूरी तरह बदल देती है। हांलाकि हर व्यक्ति अपनी प्रदूषित और दोषपूर्ण आदत (अवचेतन की प्रतिवर्तित क्रियाएं) को बदलने में समय लेता है।

सभी मनुष्यों में सकारात्मक और नकारात्मक चारित्रिक गुण होते हैं, हम इन गुणों के साथ पैदा हुए हैं, इन्हीं के साथ रहते हैं और मरते भी इन्हीं के साथ हैं। लेकिन हमेशा यह भी देखा गया है कि जीवन की उचित शिक्षा प्रदान की जाये और एक सही सकारात्मक और विभेदरहित मानवीय माहौल निर्मित किया जाये तो ज्यादातर लोग सकारात्मक तौर पर क्रिया-प्रतिक्रिया देने लगते हैं और उनकी सभी अभिव्यक्तियां सकारात्मक गुणों से नियंत्रित होने लगती हैं।

इसीलिए मैं जोर देकर बार-बार कहता हूं कि कड़ी चयन-प्रक्रिया, प्रशिक्षण, परीक्षा, दायित्वबोध और फिर निरंतर उचित शिक्षाएं विभिन्न कार्यों में, क्षेत्रों में नेतृत्व देने वालों के लिए अनिवार्य हैं, अत्यधिक अनिवार्य हैं।

ऐसे लोग जो 'मेरा' के भावनात्मक दायरे में सीमित रहते हैं यानी जो अपने निकट पारिवारिक सदस्यों का ही ध्यान रखते हैं, वे आम तौर पर भले लोग होते हैं। वे समाज के लिए नकारात्मक नहीं होते। लेकिन प्रशासन, मीडिया, कॉर्पोरेट और सभी तरह के राजनीतिक नेतृत्व में ऐसे लोग जो 'मेरा' के दायरे में रहते हैं यानी केवल अपने निकट परिवार तक सीमित रहते हैं, वे केवल अपने निकटतम पारिवारिक सदस्यों के कल्याण और समृद्धि को ही प्राथमिकता देते हैं। ठीक है, कोई भी और हर कोई यह स्वाभाविक इच्छा रखेगा कि वह अपने परिवार के सदस्यों का ध्यान रखे लेकिन नेतृत्व देने वाले लोगों की पहली प्राथमिकता यह कभी नहीं होनी चाहिए। मैं यह पुनः स्पष्ट कर देना चाहता हूं कि यदि किसी व्यक्ति का भावनात्मक दायरा केवल 'मैं' तक सीमित है तो उसकी पहली प्राथमिकता उसकी अपनी आवश्यकताएं, इच्छाएं और लालच होंगे; अगर दायरा 'मेरा' तक है तब यह स्वयं उसके और उसके निकट पारिवारिक सदस्यों तक जाएगा; यदि दायरा 'हम' तक है तो यह उसके कार्यस्थल तक होगा; दायरा यदि 'हम सब'

तक है तो यह समाज और राष्ट्र तक पहुंचेगा; और यदि दायरा 'हम लोग' तक पहुंचता है तो यह समूची मानव जाति को समाहित करेगा।

उचित और निरंतर शिक्षा से उचित आत्म-प्रेरणा पैदा की जा सकती है और नियंत्रण बनाए रखा जा सकता है। अच्छे गुणों वाले, खासकर संतुलित ईगो वाले स्वाभिमानी लोगों को, जिनका दायरा 'मेरा' और 'हम' तक है, उन्हें अपनी प्राथमिकता के दायरे को 'हम सब' और 'हम लोग' तक ले जाने के लिए प्रेरित किया जा सकता है।

चुनाव पद्धति में सुधार ही समाधान

कुछ हद तक यह कहना उचित है कि हमारे देश में भ्रष्टाचार मजदूर वर्ग के व्यक्तियों, छोटे-बड़े व्यवसाय से जुड़े लोगों और वस्तुतः समूची जनता तक फैल गया है। इसे लेकर सबसे जरूरी सवाल यह है कि इस स्थिति के लिए अपराधी कौन है—आम जनता या नेतृत्व देने वाले लोग। समूचा दोष उन लोगों का ही है जो नेतृत्व प्रदान कर रहे हैं। आखिरकार पानी ऊपर से नीचे की ओर ही बहता है। अगर पानी अपने स्रोत पर ही स्वच्छ और निर्मल है तो यहां से बहकर नीचे आने तक भी यह स्वच्छ और निर्मल रहेगा। तथापि, यदि पानी स्रोत पर ही गंदा हो जाये तो ऊपर की गंदगी उस समूची धारा को ही प्रदूषित कर देगी जो नीचे तलहटी तक पहुंचती है।

चुनावों के दौरान खर्च पर नियंत्रण अति आवश्यक

प्राथमिक तौर पर यह आवश्यक है कि नेतृत्व प्रदान करने वाले क्षेत्र में तत्काल आवश्यक सुधार लाये जायें। इसके लिए चुनाव पद्धति में

सुधार, चुनाव खर्च के दुरुपयोग पर रोक, नेतृत्व देने वाले वर्ग में असुरक्षा की भावना का निराकरण आदि इस तरह के उपाय किये जाने चाहिए जिससे नेतृत्व के क्षेत्र में अभ्रष्ट लोगों का रास्ता साफ हो। जब बड़े भावनात्मक दायरे के लोग और ऐसे लोग जो राष्ट्र हित की सर्वोच्चता में विश्वास रखते हैं, नेतृत्व के स्थानों पर आएंगे तभी हमारा लोकतंत्र सच्चे अर्थ में लोकतंत्र होगा और जनता के हितों के लिए लाभदायक सिद्ध होगा।

इन सब बातों को जानने के बाद आप सहमत होंगे कि वर्तमान चेतावनीपूर्ण स्थिति से उबरने और एक बेहतर व्यवस्था कायम करने का प्रत्यक्ष रास्ता यही है कि चुनाव खर्च को न्यूनतम कर दिया जाये। इसके लिए चुनाव के दौरान प्रत्याशियों को एक निश्चित बड़ा मैदान उपलब्ध कराया जाना चाहिए जहां माइक, टेंट आदि की समुचित व्यवस्था हो। एक प्रत्याशी को जो कुछ भी कहना हो वह एक निश्चित समय के भीतर निश्चित स्थान पर आकर कहे, उनके वक्तव्यों को वैध तरीके से उचित अनुपात में स्थानीय अखबारों द्वारा प्रकाशित किया जाना चाहिए। प्रत्याशियों को केवल दो या तीन वाहनों के प्रयोग की अनुमति दी जानी चाहिए। दो-तीन वाहनों से ज्यादा के प्रयोग को कड़ाई से प्रतिबंधित कर दिया जाना चाहिए। पोस्टरों-बैनरों पर रोक लगा दी जानी चाहिए, लेकिन एक निश्चित मात्रा में एक-दो पृष्ठों के छपे हुए हैंड बिल छपवाकर बंटवाने की अनुमति दे दी जानी चाहिए, वह भी स्वयं प्रत्याशियों द्वारा ही वितरित किये जाने चाहिए।

यहां मीडिया को भी अपनी उचित भूमिका निभानी चाहिए और सभी स्थानीय अखबारों-समाचार चैनलों के लिए यह बाध्यकारी बना दिया जाना चाहिए कि वे चुनाव लड़ने वाले प्रत्याशियों के वक्तव्यों

को निरंतर प्रकाशित-प्रसारित करें। निश्चित तौर पर खबर की कवरेज का स्थान और उसकी बारम्बारता सुनिश्चित कर दी जानी चाहिए तथा पांच प्रमुख प्रत्याशियों को इन्हें बराबर के अनुपात में प्रदान किया जाना चाहिए; अन्य प्रत्याशियों के मामले में खबर के स्थान और बारम्बारता को अपेक्षाकृत कम किया जा सकता है।

इन उपायों को अपनाकर चुनाव खर्च में पर्याप्त कटौती की जा सकती है।

आज की तारीख में चुनाव खर्च में भारी कटौती करने की बात थोड़ी अतार्किक लग सकती है, खासकर उनको जो राजनीति की मुख्यधारा में हैं। परंतु उन लोगों को जिनकी भावनाएं देश और समाज से जुड़ी हुई हैं, चुनाव खर्च में कटौती की बात अतार्किक या अटपटी नहीं लगेगी बल्कि वे लोग व्यवस्था में ऐसे सुधार लाने के लिए रचनात्मक आंदोलन करने को प्रेरित होंगे।

हां, संकुचित दायरे वाले लोग, अनैतिक मूल्यों वाले राजनेता, निश्चित तौर पर ऐसी व्यवस्था नहीं चाहेंगे जो चुनाव खर्चों में बड़ी कटौती करने की बात करे क्योंकि इस कटौती से वे चुनाव जीतने के लिए असामाजिक तत्वों, हथियारों या अन्य गलत उपायों का प्रयोग नहीं कर पाएंगे। लेकिन चुनाव खर्च में कटौती होने के बाद बाह्य व्यक्तित्व के आधार पर प्रभाव बनाने वाले ऐसे व्यक्तियों का प्रभाव अंततः कम हो जाएगा—वे परिदृश्य से बाहर हो जाएंगे और बड़े भावनात्मक दायरे वाले अच्छे लोग चुनाव में आना शुरू हो जाएंगे। और इस तरह हमारा प्यारा देश एक बार फिर इतना शक्तिशाली और सुंदर हो जाएगा कि यह विश्व में सर्वश्रेष्ठ बनकर उभरेगा।

एक नया विचार : लोकसभा में नामित उप-सांसद यानी नोमिनेटेड डिप्टी मेम्बर ऑफ पार्लियामेंट (एनडीएमपी)

एक महत्वपूर्ण विषय पर इतना कुछ कहने के बाद मैं आपके समक्ष एक नया विचार प्रस्तुत करना चाहता हूं जो अक्सर मेरे मन में आता रहता है।

अपने-अपने चुनाव क्षेत्रों के प्रतिनिधियों के बतौर और संसदीय लोकतंत्र का हिस्सा होने के नाते संसद सदस्य प्राथमिक तौर पर अपने क्षेत्र की जनता के प्रति, अपने राज्य के प्रति और अंततः अपने देश के उत्थान के प्रति जिम्मेदार होते हैं।

संसदीय परंपरा के अनुसार संसद सदस्यों का दायित्व होता है कि वे अपने क्षेत्र के मतदाताओं के संपर्क में रहें, उनकी इच्छा-आकांक्षाओं को समझें, उनकी समस्याओं की जानकारी लें और इसके लिए अपने चुनाव क्षेत्र का नियमित दौरा करें। लेकिन एक महत्वपूर्ण व्यक्ति और पदाधिकारी होने के कारण अपनी व्यक्तिगत तथा व्यावसायिक व्यस्तताओं के चलते वे प्रायः अपने क्षेत्रों के उतने दौरे नहीं कर पाते जितने कि उन्हें करने चाहिए। इसलिए अपने क्षेत्र के लोगों के प्रति उनके दायित्व निर्वाह पर प्रायः सवाल खड़े हो जाते हैं।

इसे देखते हुए संसद सदस्यों के कार्य निष्पादन की बेहतरी के लिए और एक संसद सदस्य तथा उसके चुनाव क्षेत्र के बीच बेहतर समन्वय के लिए मेरा सुझाव होगा कि संसद द्वारा एक नया कानून बनाया जाना चाहिए।

इस नये कानून के अनुसार एक नोमिनेटेड डिप्टी मेम्बर ऑफ पार्लियामेंट (एनडीएमपी) यानी नामित उप-संसद सदस्य का पद गठित किया जाएगा और इस प्रकार से नामित व्यक्ति यानी उप-सांसद को

प्रत्येक चुने हुए संसद सदस्य की एवज में देश के हित में, बिना दैनिक राजनैतिक मामलों में प्रत्यक्षतः शामिल हुए, सेवा करने का पूरा अधिकार होगा।

ये चुने हुए संसद सदस्य उप-सांसदों को अपने एवज में संसदीय सत्रों में भाग लेने के लिए भेज सकेंगे। निश्चित तौर पर संसद में सीमित स्थान होने के कारण यह व्यावहारिक नहीं होगा कि संसद सदस्य और उप-सांसद दोनों ही एक साथ सदन की कार्यवाही में भाग लें। लेकिन अगर किसी विशिष्ट संसद सदस्य को संसद में अपनी बात रखने के लिए कोई निश्चित समय और तिथि आवंटित किये जाते हैं तो ऐसे अवसर पर उप-सांसद को अपने संसद सदस्य के साथ संसद के सत्र में मौजूद रहने की अनुमति दी जा सकती है।

उप-सांसद को अपने वरिष्ठ संसद सदस्य की ओर से अपने चुनाव क्षेत्र और कुल मिलाकर देश की प्रगति और उन्नति के लिए पर्याप्त चिंतन-मनन करना होगा, योजनाएं बनानी होंगी और उचित तरीके से उनका क्रियान्वयन करना होगा।

उप-सांसद और संसद सदस्यों को अपने चुनाव क्षेत्रों के लोगों की जायज परेशानियों को निपटाने के लिए कानून और व्यवस्था को पूर्णतः बनाये रखने पर ध्यान केंद्रित करना होगा और किसी भी तरह के भाई-भतीजावाद, पक्षपात, अन्याय और भ्रष्टाचार आदि के विरुद्ध निगरानी रखनी होगी। इसका एक मुख्य उद्देश्य यह भी होगा कि सरकारी मशीनरी और साथ ही स्थानीय निकायों के लिए चुने गये लोगों पर अनुशासनात्मक नियंत्रण रखा जाये।

संसद सदस्यों और उप-सांसदों को यह अधिकार होगा कि वे तीन लोगों को चयनित या नामित कर सकें, जिनमें अधिकतम एक ही राजनीतिक क्षेत्र से होगा। ये नामित तीन सदस्य हर समय अपने

चुनाव क्षेत्र में रहेंगे और नियमित तौर पर लोगों की समस्याओं को सुनेंगे और उनके निराकरण का प्रयास करेंगे। ये तीन लोग भी सरकार द्वारा नियुक्त या नामित व्यक्ति होंगे जिन्हें अपने संसद सदस्य और उप-सांसद की ओर से कार्य करने का पूर्ण अधिकार प्रदान किया जाएगा। संसद सदस्य और उप-सांसद, इन तीन नामित लोगों को उनका कार्य संतोषप्रद न होने की स्थिति में उन्हें हटा सकेंगे या उनके स्थान पर अन्य की नियुक्ति कर सकेंगे। लेकिन इन पर कार्रवाई संसद सदस्य और उप-सांसद दोनों की ही सहमति तथा उनके हस्ताक्षर से ही हो सकेगी।

जहां तक उप-सांसद और तीन सहयोगियों, जिन्हें संयुक्त रूप से कांस्टिटुएंसी केयरटेकर यानी निर्वाचन क्षेत्र प्रभारी कहा जा सकता है, को पारिश्रमिक तथा अन्य सुविधाएं उपलब्ध कराने का सवाल है तो उन्हें समुचित पारिश्रमिक के अलावा चालक सहित वाहन की सुविधा दी जानी चाहिए। उन्हें यात्रा तथा टेलीफोन इत्यादि का व्यय भी उपलब्ध कराया जाना चाहिए। उनके सामने वित्तीय कठिनाइयां नहीं आनी चाहिए बल्कि उन्हें यह महसूस होना चाहिए कि वित्तीय तौर पर उनकी उचित देखभाल की जा रही है।

नामित उप-सांसदों और निर्वाचन क्षेत्र प्रभारियों पर ऐसा कोई दबाव नहीं होगा कि वे अपने तात्कालिक व्यवसायों को छोड़ें। वस्तुतः उन्हें इस बात की अनुमति होगी कि वे अपने वर्तमान व्यवसायों के साथ-साथ अपने नये कर्तव्यों का निर्वाह करें।

यदि चयन प्रक्रिया निष्पक्ष और उचित है तो हमें इन पदों के लिए उचित व्यक्ति प्राप्त होंगे जो बहुत ही सहजता से अपने दायित्वों का निर्वाह कर सकेंगे। यदि ऐसे लोगों को अपने नये दायित्वों के साथ-साथ उनके पुराने व्यवसायों को, जिनमें उन्हें दक्षता प्राप्त है,

जारी रखने की अनुमति नहीं दी जाएगी तो ऐसे पदों पर आने वाले लोग अकुशल, अक्षम तथा निम्न चरित्र वाले होंगे जो दायित्वों के निर्वाह में असफल हो जाएंगे, जिससे इस योजना का उद्देश्य ही खत्म हो जाएगा।

इन पदों पर हमें ऐसे व्यक्तियों की नियुक्ति करनी चाहिए जो बेदाग चरित्र वाले हों और जिनकी पृष्ठभूमि किसी भी तरह से आपराधिक न हो। वे योग्य, शिक्षित, सभ्य और सुसंस्कृत व्यक्ति होने चाहिए। इनमें अवकाश प्राप्त न्यायाधीश, वरिष्ठ और प्रतिष्ठित अधिवक्तागण, सेना से निवृत्त अवकाश प्राप्त सैनिक अधिकारी, व्यवसायी, इंजीनियर, डॉक्टर आदि हो सकते हैं। चयन प्रक्रिया के अंतर्गत श्रेष्ठतम व्यक्तियों का चयन होना चाहिए और तीन में से दो व्यक्तियों को निश्चित तौर पर गैर-राजनीतिक होना चाहिए।

नामित उप-सांसदों के चयन के लिए माननीय प्रधानमंत्री के नेतृत्व में केंद्रीय समितियां और उप-समितियां होंगी जो इनके सेवाकाल के दौरान अक्षम सिद्ध होने के कारण इनको हटाने तथा इनके स्थान पर अन्य व्यक्तियों की नियुक्ति का कार्य भी करेंगी। स्वयं संसद सदस्यों को नामित उप-सांसदों को हटाने का अधिकार नहीं होगा। यदि वे अपने उप-सांसदों को हटाना चाहेंगे या उनके स्थान पर दूसरों की नियुक्ति चाहेंगे तो उन्हें माननीय प्रधानमंत्री वाली समिति के पास अपना प्रतिवेदन देना होगा।

संसद सदस्यों का चुनाव सार्विक मताधिकार के तहत जनता के विविध समूहों द्वारा किया जाता है इसलिए संसद सदस्यों का यह प्राथमिक दायित्व होता है कि वे अपने-अपने चुनाव क्षेत्रों में विभिन्न वर्गों और संप्रदायों के बीच साम्प्रदायिक सद्भाव बनाए रखें। तथापि, धर्म, जाति, आस्था आदि को लेकर राजनीतिक दलों में बहुत सारे

भ्रम और विभेद बने हुए हैं जिन पर यहां मैं विस्तार से चर्चा नहीं करना चाहता। मैं नहीं मानता कि ऐसी चीजों का यहां मुखर होकर उल्लेख करना चाहिए। धर्म, सम्प्रदाय के मसले बहुत संवेदनशील मसले हैं जिनको उचित समय पर उठाया जा सकता है। यहां मैं जो बात कहना चाहता हूं वह यह है कि निम्न गुणवत्ता वाली जनसंख्या में अत्यधिक वृद्धि हुई है इसलिए जो व्यक्ति बहुमत लेकर चुना जाता है, यह आवश्यक नहीं है कि वह समाज के लिए सही और सक्षम व्यक्ति हो।

हमारे अतिसम्माननीय प्रधानमंत्री माननीय श्री मोदी जी हमेशा गुड गवर्नेंस यानी सुशासन की बात करते हैं, तो यह सुशासन अपने देश की विशालता को देखते हुए इसके सभी विभागों, क्षेत्रों में सभी स्तरों पर दिखना चाहिए।

महत्वपूर्ण : अगर हम इस अवधारणा को आगे बढ़ाना चाहते हैं और अगर मुझसे इस विषय पर विस्तार से बात करने के लिए कहा जाता है तो मैं संपूर्ण विवरणों और परिभाषाओं के साथ इस पर विस्तृत चर्चा कर सकता हूं।

जनसंख्या

आने वाले समय में गुणी, समझदार, सुशिक्षित और सही जीवन मूल्यों वाले सुसंस्कृत लोगों की जनसंख्या घटती जाएगी, खत्म हो जाएगी और मार पड़ेगी हमारी जनतंत्र प्रणाली पर। विवेकहीन पशुवत जीवन जीने वाले लोग निर्णायक राजनीतिक भूमिका अदा करेंगे । इससे एक विकट, विषम और भयानक परिस्थिति पैदा हो जाएगी।

2. जनसंख्या

जनसंख्या विस्फोट की समस्या केवल भारत में ही नहीं है, बल्कि विश्व भर में यह भयावह स्तर पर पहुंच गयी है, विशेषकर गरीब देशों में। भारत जैसे विकासशील देश में तीव्र गति से बढ़ती जनसंख्या ने समूची व्यवस्था पर भारी दबाव पैदा कर दिया है और इससे विकास पर गहरा असर पड़ा है। इसलिए देश की पहली और बड़ी जिम्मेदारी जनसंख्या पर नियंत्रण की है।

राजनीतिक, आर्थिक, सामाजिक और धार्मिक आदि कौन से कारक भारत में जन्म दर घटाने के प्रयासों में मददगार हैं या हो सकते हैं? मददगार कोई भी कारक हों लेकिन सबसे पहले सरकारी और गैर-सरकारी दोनों ही स्तरों पर इस जागरूकता का होना बेहद आवश्यक है कि बढ़ती हुई जनसंख्या देश की प्राथमिक समस्या है।

परिवार नियोजन जैसे कार्यक्रम प्रभावी हैं और विवाहित जोड़ों को यह संदेश भी दिया जा रहा है कि वे दो से ज्यादा बच्चे पैदा न करें लेकिन यह हमारा दुर्भाग्य है कि हमारी जनसंख्या नीति का यह संदेश विपरीत तौर पर प्रभावी हुआ है। ऐसे खाते-पीते संपन्न लोग जिनके पास दर्जनों बच्चों को पढ़ाने-लिखाने के संसाधन हैं और उन्हें योग्य नागरिक बनाने की क्षमता है, वे तो सिर्फ दो बच्चे पैदा कर रहे हैं जबकि ऐसे लोग जिनके पास बच्चों के उचित पालन-पोषण की कोई सुविधाएं नहीं हैं, वे दस बच्चे पैदा कर रहे हैं। ऐसे बच्चों

में से कोई भी योग्य नागरिक नहीं बन पाता।

इस तरह आबादी के मामले में देश दोहरी मार खा रहा है, संख्या के स्तर पर भी और गुणवत्ता के स्तर पर भी। जैसे-जैसे आबादी बढ़ रही है, लोगों के गुणों में यानी उनकी गुणवत्ता में गिरावट आ रही है इसलिए जनसंख्या नीति पर गहराई से विचार करना जरूरी है। ऐसी नीतियां वक्त का तकाजा हैं जो जनसंख्या पर नियंत्रण भी रखें और नागरिकों को गुण संपन्न भी बनाएं।

आजादी के समय हमारे देश की कुल आबादी लगभग 36 करोड़ थी। संयुक्त राष्ट्र के एक आकलन के अनुसार, आज हमारे देश भारत की जनसंख्या 133 करोड़ से ज्यादा हो गयी है यानी चीन के बाद हम दुनिया के दूसरे सबसे ज्यादा आबादी वाले देश हैं और दुखद यह है कि इस आबादी का एक बहुत बड़ा हिस्सा बेहद गरीबी का जीवन जी रहा है।

तथ्य बताते हैं कि विश्व की 7 अरब से ज्यादा की आबादी का लगभग 17.84% हिस्सा अकेले भारत में निवास करता है जबकि विश्व की कुल भूमि का केवल 2.4% ही उसके पास है यानी लगभग 13. 58 करोड़ वर्ग किलोमीटर। इस धरती के हर 6 व्यक्तियों में से एक व्यक्ति भारत में निवास करता है। भारत दुनिया की आबादी में प्रतिवर्ष सबसे अधिक यानी 1 करोड़ 80 लाख लोगों को जोड़ता है जो कि चीन के 70 लाख की तुलना में कहीं बहुत ज्यादा है।

एक अनुमान के अनुसार 2030 तक भारत की आबादी 1.53 अरब से भी ज्यादा हो जाएगी और अगर जनसंख्या वृद्धि की वर्तमान प्रवृत्ति बनी रही तो भारत दुनिया का सर्वाधिक आबादी वाला देश होगा।

जनसंख्या का भयावह परिदृश्य

आज प्रतिदिन देश में लगभग 70 हजार बच्चे जन्म ले रहे हैं यानी हर 1.25 सेकिंड में एक बच्चा। इनमें से एक तिहाई का औसत वजन उस वजन का आधा है जो एक स्वस्थ बच्चे के जन्म के समय होना चाहिए। सरकारी आंकड़ों के अनुसार आज देश में तकरीबन साढ़े छह लाख प्राइमरी स्कूल हैं लेकिन जिस हिसाब से रोज बच्चे पैदा हो रहे हैं, उस हिसाब से हमें हर साल एक लाख अतिरिक्त प्राइमरी स्कूल चाहिए। जो न हैं, न हो सकते हैं। दुनिया के तमाम देशों में जहां प्रति 50 व्यक्तियों पर एक डॉक्टर है, वहीं भारत में प्रति 2 हजार व्यक्तियों पर केवल एक डॉक्टर है।

इसके अलावा, अधिकांश जनसंख्या अक्षम और अकुशल है और इसका लगभग 26% हिस्सा गरीबी की रेखा से नीचे का जीवन यापन कर रहा है। यह हमारे समग्र आर्थिक विकास की बहुत बड़ी बाधा है क्योंकि इसके चलते हम अपने मानव संसाधन का अधिकतम उपयोग नहीं कर पा रहे हैं।

गलत नीति से समस्या विकराल

जनसंख्या नियंत्रण के लिए केवल बातें ही हुईं, कोई ठोस कदम नहीं उठाया गया। जो सामने है उसके अनुसार अच्छी सोच-विचार वाले विवेकशील और सुसंस्कृत लोगों की जनसंख्या तेजी से घटती जा रही है। दूसरी ओर, विवेकहीन (पशुवत) जीवन जीने वालों की संख्या दिन-ब-दिन बढ़ती जा रही है। इसमें कमी होने के आसार भी नहीं दिख रहे हैं। क्योंकि परिवार नियोजन कार्यक्रम ने यहां उल्टा रोल

अदा कर दिया। इसे मैं अपने व्यक्तिगत उदाहरण से समझाता हूं। जब मेरा दूसरा बेटा पैदा हुआ तो डाक्टर ने मुझसे पूछा कि यदि आप सीमित परिवार के पक्ष में हों तो मैं आपकी पत्नी का फेमिली प्लानिंग ऑपरेशन कर दूं। मैंने तत्काल अपनी सहमति प्रदान कर दी।

मुझे याद आता है गोरखपुर शहर में मुझे सरकार की तरफ से एक प्रमाणपत्र और तोहफे मिले थे। मैं बड़ा खुश हुआ था। उस सनय मुझे यह महसूस हुआ था कि मैं बहुत देशभक्त आदमी हूं। देश के लिए मैंने यह अच्छा काम किया है। मात्र दो संतानों को जन्म देकर मैंने देश की खुशहाली के लिए सही कदम बढ़ाया है। मगर आज मैं जब पीछे मुड़कर देखता हूं तो महसूस करता हूं कि अनजाने में, अज्ञानता में, अल्प ज्ञान में मैंने उस दिन देशभक्ति का काम न करके एक देशद्रोही का काम कर दिया था। मैं बताता हूं कि क्यों।

अगर मैंने 10 बच्चे पैदा किये होते तो शायद देश को उतने ही श्रेष्ठ नागरिक दिये होते, क्योंकि ऊपर वाले ने वह आर्थिक और सामाजिक क्षमता मुझे दी है (लेकिन इसका अर्थ यह भी नहीं है कि क्षमतावान या समृद्ध व्यक्ति को 10 बच्चे पैदा करने की इजाजत दी जानी चाहिए)। एक तरफ तो हम 2 संतानों पर रुक गये, लेकिन उधर सड़क पर, गंदी बस्ती में एक व्यक्ति के लगभग 10 बच्चे पैदा हो रहे हैं।

पशुवत जीवन जीने वालों की नकारात्मक भूमिका

परिवार नियोजन कार्यक्रम जो पिछले कई दशकों से लागू है, अपनी एक दुखद कहानी कहता है।

भारत ने जनसंख्या के नियंत्रण के उपाय बहुत पहले ही शुरू कर

दिये थे। वस्तुतः राष्ट्रीय परिवार नियोजन कार्यक्रम की शुरूआत भारत में 1950 के दशक में ही कर दी थी और इस तरह यह नियोजित जनसंख्या नीति वाला दुनिया का पहला देश बना था। परिवार नियोजन कार्यक्रम के चलते कुछ अच्छे परिणाम भी प्राप्त हुए और देश की जनसंख्या वृद्धि दर में पर्याप्त कमी भी आयी। लेकिन विभिन्न राज्य सरकारों की प्रशासनिक व्यवस्थाओं में आवश्यक एकरूपता नहीं थी इसलिए परिवार नियोजन के लक्ष्यों की प्राप्ति में भी भारी अंतर देखा गया। ये प्रयास अंततः निश्चित लक्ष्य को प्राप्त करने में असफल रहे और भारत की आबादी 1947 में स्वतंत्रता मिलने के बाद निरंतर बढ़ती गयी, वह भी निम्न स्तर के लोगों की।

यहां इस बात को मैं समझाना चाहूंगा कि मनुष्य और पशु में फर्क किस तरह है। मनुष्य को भी खाना चाहिए, पानी चाहिए, हवा चाहिए। पशु को भी खाना चाहिए, पानी चाहिए, हवा चाहिए। मनुष्य भी बच्चा पैदा करता है और उसमें भावनाएं हैं। पशु भी बच्चा पैदा करता है और उसमें भी भावनाएं हैं, लेकिन पशु में सोचने-विचारने की समुचित क्षमता नहीं होती जबकि मनुष्य धरती के सभी प्राणियों में उत्कृष्ट माना जाता है, क्योंकि वह सोच-विचार सकता है। किंतु मनुष्य की यही विशेषता (सोचने-विचारने की क्षमता) अगर अच्छी न हो, अनुशासित न हो, विध्वंसक हो तो वह मनुष्य पशु से ज्यादा अधम हो जाता है। बल्कि उससे तो पशु ही अच्छा है जो कम हानि और कम परेशानियां पैदा करता है। दुर्भाग्य से देश में ऐसी खराब, गंदी और संकुचित सोच के लोगों की संख्या दिन दुगुनी, रात चौगुनी रफ्तार से बढ़ रही है।

हमारे देश में लोकतांत्रिक प्रणाली है जो बहुमत के आधार पर फैसला करती है। वोट के आधार पर चुने हुए लोग देश को चलाते

हैं। हाल के वर्षों में देखा गया है कि ऐसे नेताओं की संख्या बढ़ गयी है जिनमें बुरी और पशुवत प्रवृत्तियां हैं।

हर मनुष्य का सुरक्षाबोध उसके ऊपर हावी होता है। पशुवत प्रवृत्ति का व्यक्ति भी सुरक्षित महसूस करना चाहता है। इसलिए वह अपनी ही जैसी गंदी सोच के किसी पशुवत व्यक्ति को अपना नेता चुनता है। दुर्भाग्यवश ऐसे नेताओं की संख्या तेजी से बढ़ती चली जा रही है। इससे आने वाले समय में गुणी, समझदार, सुशिक्षित और सही जीवन मूल्यों वाले सुसंस्कृत लोगों की जनसंख्या घटती जाएगी, खत्म हो जाएगी और मार पड़ेगी हमारी जनतंत्र प्रणाली पर। विवेकहीन पशुवत जीवन जीने वाले लोग निर्णायक राजनीतिक भूमिका अदा करेंगे ।

इससे एक विकट, विषम और भयानक परिस्थिति पैदा हो रही है। सच्चाई यह है कि हमारी ज्यादा परेशानी जनसंख्या की संख्यात्मक वृद्धि को लेकर नहीं है बल्कि नकारात्मक गुणों वाली उस जनसंख्या की वृद्धि की है जो गरीबी, निरक्षरता, अस्वास्थ्यकर जीवन और तीव्र जन्म दर जैसी नकारात्मक प्रवृत्तियों के साथ बढ़ रही है।

समृद्ध होता भारत अगर ...

सोच कर देखिए, अपना यही भारतवर्ष अगर आज की एक तिहाई जनसंख्या का होता तो शायद विश्व में इससे ज्यादा सुंदर, समृद्ध और खुशहाल देश दूसरा नहीं होता।

जब मैं जनसंख्या का अध्ययन कर रहा था तो मैंने पाया कि लोग विकसित देश (डेवलप्ड कंट्री) की बात तो करते हैं पर यह नहीं देखते कि अमरीका का भू-क्षेत्र तो हमसे लगभग चार गुना ज्यादा है पर जनसंख्या हम से लगभग एक तिहाई है। यह कहते समय मैंने

इस बात का ध्यान रखा कि अमरीका का समूचा भू-क्षेत्र रहने योग्य नहीं है, फिर भी यह विरोधाभास उल्लेखनीय है। अमरीका में एक वर्ग किलोमीटर में 18 व्यक्ति रहते हैं जबकि शहरी भारत में इतनी ही जगह में 7,000 लोग घुट-घुटकर जीते हैं। ऐसे में अमरीका विकसित देश क्यों नहीं बनेगा?

एक विकलांग सोच

दरअसल झोपड़पट्टियों में रहने वाले गरीब मां-बापों का एक विकलांग सोच यह है कि ज्यादा से ज्यादा बच्चे पैदा करो। ज्यादा हाथ होंगे तो बुढ़ापे के सहारे के लिए ज्यादा कमाएंगे। उनका यह सोच भविष्य के असुरक्षाबोध से पैदा होता है। उन्हें लगता है कि कम बच्चे पैदा होंगे तो वे कम कमाई से अपना गुजारा न्हीं कर सकेंगे। इसलिए हम सबको, खासकर सरकार को तमाम ऐसे छोटे-बड़े उपाय करने चाहिए जिससे कि गरीब वर्ग के लोगों को कम बच्चे पैदा करके भी भविष्य की भौतिक सुरक्षा का बोध होता रहे। अगर ऐसा हो जाता है तो जनसंख्या के गुणात्मक विकास में गिरावट नहीं आएगी और गुणवत्तापूर्ण जनसंख्या के धीरे-धीरे अल्पसंख्यक हो जाने का जो अभी खतरा बना हुआ है वह भी टल जाएगा।

हमारी जनसंख्या अपस्तरीय गुणों और निम्नस्तरीय क्षमताओं के आधार पर बढ़ रही है। इसका अर्थ है कि हम गुणवान और कार्यक्षम व्यक्तियों के मामले में मार खा रहे हैं। यह हमारे पतन का सबसे बड़ा कारण है। मुझसे पूछा गया कि इसका क्या उपाय है। मैंने कहा, 'उपाय है और बहुत सरल उपाय है। मनुष्य का 'स्वार्थ' यानी उसका 'मैं' उस पर हमेशा हावी रहता है। इस 'मैं' की इच्छाओं और

आवश्यकताओं को समझने और उन्हें पूरा करने के उपायों की तलाश करने की जरूरत है।'

एक 'आदर्श परिवार' और प्रोत्साहन के तौर पर इस परिवार को दिये जा सकने वाले लाभ

सबसे पहले हमें एक 'आदर्श परिवार' की परिभाषा निर्धारित करने की जरूरत है।

जिस पारिवारिक इकाई में एक या दो बच्चे हों उसे आदर्श परिवार का नाम दिया जा सकता है और इसे संसद में पारित करा के कानूनी वैधता प्रदान की जा सकती है, जैसा कि पड़ोसी देश चीन में है। ऐसे परिवारों को जो कि आदर्श परिवार की श्रेणी में आते हैं उन्हें आकर्षक लाभ और सुविधाएं प्रदान की जा सकती हैं। परंतु जिनके दो से अधिक बच्चे हों उन्हें आदर्श परिवार को मिलने वाली सुविधाओं के दायरे से बाहर कर दिया जाना चाहिए।

उन परिवारों को जो आदर्श परिवार की श्रेणी में आयें, उन्हें विशेष और अतिरिक्त सुविधाएं प्रदान की जा सकती हैं ताकि अन्य लोग भी प्रेरित हों और खुशी-खुशी आदर्श परिवार की व्यवस्था को अपनाएं। ये सुविधाएं निम्नवत हो सकती हैं-

1. लोग अपने बुढ़ापे की सुरक्षा के लिए अधिक बच्चे पैदा करते हैं। अगर बुढ़ापा सुरक्षित कर दिया जाये तो इस प्रवृत्ति पर रोक लगायी जा सकती है। वरिष्ठ नागरिक पेंशन योजना को केवल सरकारी क्षेत्र के लोगों तक सीमित न रखकर सभी आदर्श परिवारों के लोगों तक विस्तृत किया जाये।

2. वृद्धावस्था सुरक्षा पेंशन योजनाओं में कॉर्पोरेट क्षेत्र को भी शामिल किया जा सकता है। ऐसे परिवारों के वृद्धों की सेवा में तत्पर रहने के लिए कॉर्पोरेट घरानों को कर इत्यादि में रियायत प्रदान की जा सकती है, इसके लिए वर्तमान कर प्रावधानों में संशोधन किये जा सकते हैं।
3. यहां मेरी राय यह भी होगी कि वरिष्ठ नागरिकों को पूर्ण सुरक्षा और सुविधा उपलब्ध कराने के लिए उच्च आय अर्जित करने वाले लोगों पर एक विशेष कर का प्रावधान किया जाये।
4. जो परिवार आदर्श परिवार की परिधि में आयें उन्हें प्रसव पूर्व और प्रसव बाद की शिशु की देखभाल संबंधी सभी सेवाएं और सुविधाएं सरकार की ओर से उपलब्ध करायी जायें।
5. आदर्श परिवारों के बच्चों को प्राथम्कि शिक्षा से लेकर अभियांत्रिकी, प्रबंधन आदि की उच्च स्तरीय शिक्षा तथा व्यापक प्रशिक्षण कार्यक्रम आदि में सरकारी तौर पर रियायत दी जाये।
6. ऐसे परिवार के बच्चों को छात्रवृत्ति के साथ-साथ उच्च शिक्षा और रोजगार के संबंध में प्राथमिकता दी जाये या उनके लिए स्थान आरक्षित किये जायें यानी निजी और सरकारी क्षेत्रों में उनके रोजगार की सुरक्षा सुनिश्चित की जाये।
7. इन परिवारों के बच्चों को न केवल सरकारी और गैर-सरकारी स्तर पर रोजगार के अलावा प्रशासनिक, न्यायिक आदि सेवाओं में आरक्षण की सुविधा प्रदान की जाये बल्कि प्रोन्नति में भी उन्हें प्राथमिकता दी जाये। विधायिका के क्षेत्र में भी उन्हें प्राथमिकता दी जाये।
8. आदर्श परिवार की अवधारणा को प्रोत्साहित करने के लिए छोटे-बड़े व्यवसाय करने के हेतु ऐसे परिवारों को ऋण आदि

की सुविधाएं प्राथमिकता के आधार पर प्रदान की जायें।

9. इन्हें रियायती ब्याज दर पर सरकारी/गैर-सरकारी संस्थाओं से ऋण उपलब्ध कराया जाये तथा इनके बच्चों को छात्रवृत्ति तथा अन्य वित्तीय सहायताओं के अलावा सरकारी रियायतों का हकदार भी बनाया जाये।
10. ऐसे परिवारों का कोई विवाद न्यायालय में पहुंचे तो जहां तक संभव हो सके उसे प्राथमिकता के आधार पर निपटाया जाये।
11. ऐसे कानूनी प्रावधान किये जायें जिनसे आदर्श परिवार जीवन से संबंधित छोटी-बड़ी सुविधाओं को जरूरत पड़ने पर सरकारी या अन्य विश्वसनीय स्रोतों से आसानी से प्राप्त कर सकें।
12. आर्थिक तौर पर संपन्न आदर्श परिवारों की तुलना में कमजोर आदर्श परिवारों को अधिक प्राथमिकता के साथ समुचित रोजगार उपलब्ध कराने की व्यवस्था की जाये, लेकिन सुविधाओं में प्राथमिकता सभी वर्गों के आदर्श परिवारों को दी जा सकती है।
13. आदर्श परिवारों को रियायती दरों पर चिकित्सा सहायता उपलब्ध करायी जाये जो सामान्य उपचार, स्वास्थ्य परीक्षण, शल्य-चिकित्सा तथा गंभीर रोगों के उपचार आदि सभी स्थितियों में उपलब्ध हो।
14. आदर्श परिवारों को बस, रेल या हवाई यात्रा, होटल सुविधा जैसी सरकार नियंत्रित सेवाओं में विशेष रियायत के साथ सुविधा दी जाये।
15. ऐसे परिवारों का जीवन बीमा भी प्राथमिकता के आधार पर कराया जा सकता है।

16. देश की अधिकांश आबादी ग्रामीण क्षेत्रों में रहती है इसलिए ग्रामीण क्षेत्रों में ढांचागत विकास बहुत जरूरी है क्योंकि इससे रोजगार पैदा होते हैं और साथ ही आबादी के नियंत्रण में मदद मिलती है (जैसा कि चीन में हुआ)। ग्रामीण क्षेत्रों के आदर्श परिवारों को प्राथमिकता के आधार पर भूमि, जल, वन तथा अन्य संसाधनों तक सीधी पहुंच प्रदान की जानी चाहिए।
17. कृषि क्षेत्र में ऐसे परिवारों को रसोई गैस, ईंधन आदि पर सब्सिडी के अलावा कृषि संबंधी नवीनतम उपकरण, ट्रैक्टर्स व अन्य संसाधन तथा फसलों के लिए उर्वरक आदि खरीदने के लिए बहुत ही आसान शर्तों पर धन मुहैया कराया जाये।
18. भारत में भूमि संबंधी कार्यक्रम जैसे कि भूमि सुधार, चकबंदी, भूमि पुनर्वितरण, भूमि उद्धार, भूमि विकास आदि तो खूब चलाये गये लेकिन इन्हें कभी परिवार नियोजन से नहीं जोड़ा गया। भूमि से संबंधित जो भी गतिविधियां क्रियान्वित की जायें उनसे उत्पन्न लाभों में आदर्श परिवारों को उचित भागीदारी दी जानी चाहिए।
19. भूमि अधिग्रहण जैसे कार्यक्रमों से जोतदार और भूमिहीन खेतिहर मजदूर सबसे ज्यादा कष्ट उठाते हैं इसलिए ऐसे कार्यक्रमों को इस तरह चलाया जाना चाहिए जिससे कोई भी व्यक्ति अपने मूल स्थान से और सुरक्षित आजीविका के संसाधनों से वंचित या विस्थापित न हो। उन्हें सुरक्षित आजीविका के संसाधन उपलब्ध कराये जाने चाहिए। इस संबंध में आदर्श परिवारों को प्राथमिकता दी जानी चाहिए।

20. भूमि पुनर्वितरण कार्यक्रम में जिसे अब भी उचित तरीके से चलाये जाने की जरूरत है, आदर्श परिवारों को प्राथमिकता दी जानी चाहिए। इस दिशा में या तो उन्हें कृषि योग्य भूखंड उपलब्ध कराया जाना चाहिए या उनके कार्य का अनुबंध सुनिश्चित किया जाना चाहिए जिससे उनकी आजीविका सुरक्षित रहे।
21. चकबंदी जैसे कार्यक्रम को नियोजित तरीके से चलाये जाने पर इसके पर्याप्त सामाजिक लाभ मिल सकते हैं और इन लाभों को भूमि संसाधनों के समुचित प्रयोग से आदर्श परिवारों तक पहुंचाया जा सकता है।
22. उपेक्षित, अनुपयोगी, अप्रयुक्त, अर्धप्रयुक्त, खनन तथा प्राकृतिक आपदाओं से क्षतिग्रस्त भूखंडों के सुधार-विकास के बाद इनकी चकबंदी करके इनके लाभ आदर्श परिवारों तक पहुंचाये जा सकते हैं।
23. चकबंदी से कृषि में सुधार लाया जा सकता है। अगर आदर्श परिवार के दायरे में आने वाले किसान भाइयों को ऐसी कृषि भूमि उपलब्ध करायी जाये जो कम से कम विभाजित हो और क्षेत्रफल में बड़ी तथा अच्छी अवस्था में हो तो वे अपनी जोत का दायरा बढ़ाकर अधिक प्रतिस्पर्धात्मक हो सकते हैं।
24. भू-अधिकार के ढांचे में सुधार करके किसानों को नई तकनीकें अपनाने में मदद मिलेगी जिससे कृषि क्षेत्र को अधिक सक्षम और समृद्ध बनाया जा सकता है। ऐसे सुधारों से पर्यावरण सुरक्षा को बढ़ावा मिल सकेगा तथा इनसे किसानों को बेहतर भू-नियोजन और भू-प्रबंधन में भी मदद मिलेगी।
25. ग्रामीण क्षेत्रों में आदर्श परिवारों के सदस्यों को भूमि विकास

संबंधी गतिविधियों से उत्पन्न रोजगारों में प्राथमिकता दी जा सकती है।

26. चकबंदी योजना के माध्यम से रोजगार के नये अवसर पैदा करके आदर्श परिवारों के बीच सामाजिक स्थायित्व पैदा किया जा सकता है जो आगे जाकर सरकारी राजस्व में बढ़ोतरी कर सकता है। पश्चिमी यूरोप में यह प्रवृत्ति दिखाई देती है।

27. ग्रामीण क्षेत्रों में भूमि सुधार और चकबंदी कार्यक्रमों के क्रियान्वयन के माध्यम से आदर्श परिवारों को कुछ क्षतिपूरक लाभ भी प्रदान किये जा सकते हैं जिनमें सभी कृषि चकों तक उचित संचार व्यवस्था सहित मोटर वाहनों की पहुंच, कृषि उत्पादों का त्वरित परिवहन, जोत क्षेत्रों का समुचित विकास, उत्पादन लागत आदि में कमी करके कृषि आय में वृद्धि, आदि उपाय शामिल हो सकते हैं।

28. इन दिनों कॉर्पोरेट फार्मिंग की भी खासी चर्चा है। जहां कहीं भी इसका क्रियान्वयन हो तो उससे उत्पन्न रोजगार के अवसरों में आदर्श परिवारों को प्राथमिकता दी जा सकती है।

अगर हम इस प्रकार के नियम-प्रावधानों का दो बच्चों वाले आदर्श परिवार की श्रेणी में आने वाले लोगों के हित में कड़ाई के साथ पालन करा सकें तो मुझे पूरा विश्वास है कि हम अपने जीवन स्तर में भी सुधार ला सकते हैं और हमारा देश भी एक खुशहाल देश होगा।

सुलझाने के लिए एक महत्वपूर्ण मसला यह भी है कि गरीबों तथा निचले तबकों के पास मनोरंजन के साधन नहीं होते जो कि आतंरिक व्यक्तित्व के आहार के रूप में हर मनुष्य के लिए बहुत जरूरी होते हैं। यानी मनोरंजन एक भावनात्मक आहार है और सेक्स भी इसी

श्रेणी में आता है। हमें देश के हर मोहल्ले तक ऐसी सुविधाएं पहुंचानी चाहिए जिससे सभी लोग सस्ते कंडोम आसानी से अपने मोहल्ले की पान की दुकान से भी बेझिझक प्राप्त कर सकें। इसके बाद मुझे नहीं लगता कि परिवार नियोजन गतिविधि की आवश्यकता होगी।

कठोर कानूनी प्रावधानों के बिना उपलब्धि संभव नहीं

जनसंख्या नियंत्रण कानून में उन लोगों के लिए जो आदर्श परिवार के नियमों की अवहेलना करें, कड़े प्रावधान किये जाने चाहिए (आवश्यक होने पर दंड का प्रावधान भी)।

मैं आग्रहपूर्वक यह सुझाव देना चाहता हूं कि जो माता-पिता आदर्श परिवार की परिधि में नहीं रह पा रहे हों या इस आदर्श परिवार की परिधि को तोड़ देते हों, उन माता-पिता को सरकार की ओर से किसी भी तरह के आर्थिक लाभ तो मिलने ही नहीं चाहिए बल्कि उन्हें मताधिकार से वंचित कर दिया जाना चाहिए और उन्हें किसी भी चुनाव में प्रत्याशी के बतौर खड़े होने की अनुमति नहीं होनी चाहिए। यह नियम राष्ट्रपति चुनाव से लेकर पंचायत चुनाव तक हर स्तर पर लागू होना चाहिए। उनको राशन कार्ड या पासपोर्ट जैसे विशेष अधिकार पत्र भी नहीं दिये जाने चाहिए। अगर संभव हो तो आदर्श परिवार की परिभाषा को तोड़ कर जो बच्चा पैदा किया गया है उसे भी मताधिकार से वंचित कर दिया जाये। यह बात कठोर अवश्य लग सकती है लेकिन **यह एक स्वस्थ लोकतंत्र के लिए बहुत ही अच्छी और अत्यधिक वांछित बात होगी।**

वैसे इस तरह के कानूनी प्रावधानों को अंतिम रूप देने के लिए विशेषज्ञों की एक समिति गठित की जा सकती है। कानून बनने के

एक साल बाद ही उस पर अमल भी होना चाहिए। इस एक साल की अंतराल अवधि को चेतावनी अवधि के रूप में लिया जा सकता है जिसमें प्रत्येक माता-पिता को यह समझ लेना होगा कि 'आदर्श परिवार' के दायरे से बाहर जाने के क्या खतरे हो सकते हैं।

एक आह्वान

मैं अपने सभी जागरूक देशवासियों से, विशेष कर उनसे जो जनसंचार के क्षेत्र से जुड़े हुए हैं, आग्रह करता हूं कि वो पहल करें, उपाय तलाशें और देश को दिशा दें। वे यह सुनिश्चित करें कि देश भर के जनमानस इसका अनुसरण करें और एक बहुत बड़ा राष्ट्रीय रचनात्मक आंदोलन खड़ा करें। मैं जानता हूं कि इसमें बहुत सारी कठिनाइयां आपके सामने आएंगी। लोग आपको हतोत्साहित भी करेंगे पर आपको पूरे जोश और उत्साह से आगे बढ़ना ही होगा।

अगर हम अपने देश में निम्न स्तरीय जनसंख्या की तीव्र वृद्धि को नहीं रोक सके तो हमारी सारी सड़कें और रास्ते कमजोर और अपस्तरीय गुणों वाले बेरोजगार वंचितों से भर जाएंगे और शीघ्र ही एक गृहयुद्ध जैसी स्थिति पैदा हो जाएगी।

यह भयावह स्थिति देश भर में एक ही समय अचानक ही पैदा नहीं होगी। यह गिरावट धीरे-धीरे आएगी और एक स्थान से दूसरे स्थान या एक राज्य से होते हुए दूसरे राज्य तक पहुंचेगी और अंततः देश भर में असुधार्य स्थिति तक पहुंच जाएगी।

अब समय आ चुका है (हमें पहले ही बहुत विलंब हो चुका है) कि अपने देश की इस सबसे बड़ी समस्या को सरकार द्वारा प्राथमिकता के साथ बेहद गंभीरता से लिया जाये।

शिक्षा व्यवस्था

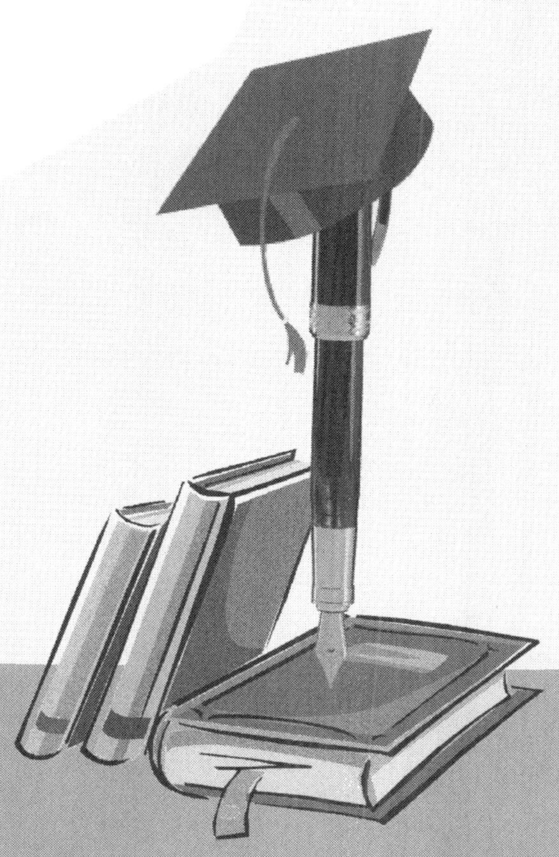

वर्तमान में स्कूल-कॉलेजों में हम जो शिक्षा प्राप्त करते हैं वह हमें किसी विषय के बारे में जानकार तो बनाती है लेकिन सही अर्थ में शिक्षित नहीं बनाती। शिक्षित होने का तात्पर्य व्यक्ति के संपूर्ण व्यक्तित्व के विकास से है जिससे कि वह एक बेहतर मनुष्य बन सके। व्यक्ति को सच्चा मनुष्य बनाने के लिए जीवन का ज्ञान ही वह तत्व है जो सर्वाधिक महत्वपूर्ण है। जीवन की सच्चाइयों को जाने बिना या मनोवैज्ञानिक पहलुओं को समझे बिना एक व्यक्ति स्वयं अपने लिए, समाज के लिए और देश के लिए न तो उपयोगी हो सकता है, न उत्पादक और लाभदायक। इसी अर्थ में वर्तमान शिक्षा व्यवस्था में क्रांतिकारी परिवर्तन की जरूरत है।

3. शिक्षा व्यवस्था

आज की शिक्षा व्यवस्था का यह एक दुखद पहलू है कि यह रोजगारपरक कौशल प्रदान करने की दृष्टि से तो कुछ हद तक सफल है यानी कि एक व्यक्ति में अपनी आजीविका अर्जित करने की योग्यता पैदा करने की दृष्टि से। लेकिन यह वास्तविक ज्ञान प्रदान करने की दृष्टि से असफल है।

स्कूल-कॉलेजों में हम साक्षर होते हैं शिक्षित नहीं

वर्तमान में स्कूल-कॉलेजों में हम जो शिक्षा प्राप्त करते हैं वह हमें किसी विषय के बारे में जानकार तो बनाती है लेकिन सही अर्थ में शिक्षित नहीं बनाती। शिक्षित होने का तात्पर्य व्यक्ति के संपूर्ण व्यक्तित्व के विकास से है जिससे कि वह एक बेहतर मनुष्य बन सके। व्यक्ति को सच्चा मनुष्य बनाने के लिए जीवन का ज्ञान ही वह तत्व है जो सर्वाधिक महत्वपूर्ण है। जीवन की सच्चाइयों को जाने बिना या मनोवैज्ञानिक पहलुओं को समझे बिना एक व्यक्ति स्वयं अपने लिए, समाज के लिए और देश के लिए न तो उपयोगी हो सकता है, न उत्पादक और लाभदायक। इसी अर्थ में वर्तमान शिक्षा व्यवस्था में क्रांतिकारी परिवर्तन की जरूरत है।

हमें एक ऐसी शिक्षा व्यवस्था चाहिए जो जीवन संबंधी ज्ञान के

सभी पहलुओं को एक व्यक्ति को समझा और सिखा सके और एक ऐसे मनुष्य के रूप में विकसित होने में मदद कर सके जिसका जीवन समाज के लिए आदर्श बने, जिसका जीवन सुंदर हो और जिसका जीवन देश-समाज के लिए उपयोगी हो। और ऐसा करना असंभव नहीं है बल्कि पूरी तरह संभव है। बस जरूरत इस बात की है कि जीवन की शिक्षा को शिक्षा व्यवस्था का अंग बना दिया जाये। (*जीवन संबंधी ज्ञान के बारे में मैंने अपनी पुस्तक 'लाइफ मंत्रास' में विस्तार से चर्चा की है*)

वर्तमान शिक्षा व्यवस्था में समुचित सुधार की जरूरत

अपनी इस किताब के माध्यम से, देश के हित में, देश के कर्णधारों से करबद्ध अपील करूंगा कि बहुत ही गंभीरता से, सोच-विचार करके जल्द-से-जल्द शिक्षा व्यवस्था में आवश्यक सुधार लायें जो वर्तमान के लिए भी और खासकर आगे की पीढ़ियों के लिए भी अत्यन्त आवश्यक है। अन्यथा अगर ऐसी अधूरी शिक्षा व्यवस्था बनी रही तो आगे की पीढ़ियां हमें कभी क्षमा नहीं करेंगी। वे हमें जितना भी दोषारोपित करेंगी वह कम ही होगा। हमें यह जानना चाहिए कि ऐसी गंभीर स्थिति क्यों पैदा हुई है।

ऐसा इसलिए है कि हमारी आबादी का घनत्व बहुत ही ज्यादा है जिसके कारण अनेक गंभीर समस्याएं पैदा हुई हैं। इनका हल मानवीय पहलू को, मानव मनोविज्ञान को, शिक्षा में सर्वोच्च प्राथमिकता देकर ही निकाला जा सकता है।

कर्मक्षेत्र और शिक्षा व्यवस्था

मैं कहना चाहूंगा कि केवल कर्मक्षेत्र के विषय का ज्ञान प्राप्त कर लेने से ही जीवन की शिक्षा का ज्ञान प्राप्त कर लेने का कार्य पूरा नहीं हो जाता। शिक्षा उसी को कहेंगे जो हमारे व्यक्तित्व का सर्वांगीण, सुंदर विकास करे और हम समाज में सुंदर, सकारात्मक परिवर्तन पैदा करें। वह शिक्षा और शिक्षा व्यवस्था बेकार है, निरर्थक है जिससे व्यक्तित्व का सर्वांगीण विकास न हो और जो समाज में विघटनकारी प्रवृत्तियों को न रोक सके।

पुरातन काल में गुरुकुल शिक्षा-पद्धति बहुत मायने में ठीक थी। वहां छात्रों को जीवन ज्ञान उपलब्ध कराने को प्राथमिकता दी जाती थी। उनके पूर्ण व्यक्तित्व का निर्माण किया जाता था। तथापि, इतिहास में यह भी देखने को मिलता है कि प्राचीन काल की शिक्षा पद्धति में एक बहुत बड़ी कमी यह थी कि हर व्यक्ति को शिक्षा की सुविधा नहीं थी। शिक्षा प्राप्त करने की सुविधा मुख्यतः उन्हीं लोगों को मिलती थी जो कुलीन और शासक वर्ग के थे या जो राज्य को नेतृत्व देने वाले होते थे। खैर, एक बात तो बहुत अच्छी थी ही कि नेतृत्व देने वाले लोगों के लिए अच्छी शिक्षा की व्यवस्था रही। नेतृत्व देना, यानी अभिभावक की जिम्मेदारी निभाना यानी समाज का शिक्षक होना। एक अच्छा शिक्षक वही है जो खुद शिक्षित हो।

हमारे देश की मूल शिक्षा व्यवस्था अत्यधिक प्रभावित हुई मुगल काल में और उसके बाद अंग्रेजों ने इसे नियोजित तरीके से तोड़ा-मरोड़ा। उन्होंने अपने अंधसमर्थक बनाने की दृष्टि से शिक्षा-पद्धति के स्वरूप को तैयार किया। उन्हें क्लर्कों की आवश्यकता थी न कि प्रशासकों की, और उसी लीक पर शिक्षा व्यवस्था चल पड़ी।

हम लोग शिक्षा के मामले में नहीं बल्कि साक्षरता पर खूब ध्यान केंद्रित कर रहे हैं और खूब तरक्की कर रहे हैं (वह भी मुख्यतः समाज के शहरी वर्ग में)। हमें इस मसले को ठीक से समझना चाहिए और बहुत गंभीरता से लेना चाहिए।

आजादी के बाद शिक्षा व्यवस्था

सबसे बड़ी भूल हुई देश की आजादी के बाद। सैकड़ों साल की गुलामी के बाद उस समय तो नये सिरे से सबसे ज्यादा प्राथमिकता देने की जरूरत थी शिक्षा-पद्धति को, मगर ऐसा नहीं हुआ। इसलिए आप देखेंगे कि उस समय शिक्षक की स्थिति बड़ी दयनीय थी। उन्हें हेय दृष्टि से देखा जाता था। जब आदमी आई.ए.एस., आई.पी.एस., डॉक्टर, इंजीनियर, वकील, एकाउंटेंट नहीं बन पाता था तो वह अंततोगत्वा शिक्षक बनकर ही संतोष कर लेता था। कुछ साल पहले तक भी अभिभावक को जब अपनी बेटी के लिए कोई अच्छा वर नहीं मिल पाता था, तभी शिक्षक को वर चुनने की बात सोची जाती थी।

शिक्षा के मानकों का समग्र विकास कैसे हो

दरअसल उस समय समाज में शिक्षकों का वेतन और मर्यादा सबसे अधिक होने चाहिए थे, इसके लिए सबसे बेहतरीन चयन प्रक्रियाओं की आवश्यकता थी। सबसे बेहतर लोग इसमें आने चाहिए थे। अगर ऐसा हुआ होता तो आज देश की स्थिति बहुत बेहतर होती। हालांकि आज की स्थिति भी बहुत अच्छी नहीं है। मुझे आश्चर्य होता है यह देखकर, यह सुनकर कि शिक्षा से जुड़े तमाम जिम्मेदार व्यक्तिगण

शिक्षा को बेहतर बनाने की दिशा में केवल एक ही रट लगाये रहते हैं कि ज्यादा-से-ज्यादा स्कूल खोलने हैं, स्कूल-भवन की मरम्मत करनी है, बेंच लग जाने चाहिए, वगैरह-वगैरह।

मैं मानता हूं कि ज्यादा स्कूल खुलने जरूरी हैं क्योंकि तभी शिक्षा ज्यादा-से-ज्यादा लोगों तक पहुंच सकेगी। मगर उससे पहले सबको यह समझ में आना चाहिए कि अंततः शिक्षा है क्या और कैसी शिक्षा दी जानी चाहिए। शिक्षा को परिभाषित करने में पहली बात जो सामने आती है कि शिक्षा यानी ज्ञान प्राप्त करना और जितना ज्यादा ज्ञान, उतना सुंदर जीवन। मगर केवल कर्मक्षेत्र के विषय का ज्ञान अथवा किसी विशेष व्यवसाय का ज्ञान प्राप्त कर लेना ही पूरा ज्ञान प्राप्त करना नहीं कहलाएगा।

मैं दोहरा दूं कि स्कूल और कॉलेजों में वर्तमान पाठ्यक्रम के साथ हम साक्षरता प्राप्त करते हैं, शिक्षित नहीं होते। शिक्षा जीवन की सर्वोपरि और सर्वाधिक महत्वपूर्ण आवश्यकता है।

हम निश्चित तौर पर साक्षर हो रहे हैं लेकिन हमें सही अर्थों में शिक्षित होने की यानी जीवन की शिक्षा में पारंगत होने की जरूरत है।

तार्किक मॅसल विकसित होने के चलते धर्मग्रंथों का पूजा की वस्तु बन जाना

दोषपूर्ण और अधूरी शिक्षा व्यवस्था का एक परिणाम समाज के लिए घातक सिद्ध हो रहा है। जिस तरह से नियमित शारीरिक व्यायाम से शरीर की मांसपेशियां मजबूत हो जाती हैं उसी तरह से नियमित पढ़ाई-लिखाई से व्यक्ति की मानसिक शक्ति मजबूत हो जाती है यानी उसके अंदर तार्किक मॅसल यानी तार्किक मांसपेशी विकसित हो जाती

है जिससे वह हर वस्तु को तर्क की कसौटी पर कसने लगता है।

प्राचीन काल में लोग आज की तरह साक्षर नहीं होते थे, केवल कुछ ही लोगों की पहुंच औपचारिक शिक्षा तक हो पाती थी, इसलिए ज्यादातर लोगों की तार्किक मांसपेशी यानी तर्क करने की शक्ति अधिक विकसित नहीं हो पाती थी। आम लोग धार्मिक पुस्तकों में बताये गये मूल्यों, नैतिकताओं और शिक्षाओं का पालन करके लाभान्वित होते थे जो उन्हें बताती थीं कि उन्हें क्या करना चाहिए और क्या नहीं करना चाहिए।

लेकिन तार्किक मांसपेशी के विकसित होने यानी कि बढ़ी हुई तर्क शक्ति के कारण धर्मग्रंथों में दी गयीं सुंदर शिक्षाएं आज आधुनिक शिक्षा प्राप्त लोगों की तार्किक बुद्धि को उचित और स्वीकार्य प्रतीत नहीं होतीं। इसी कारण धार्मिक ग्रंथ आज केवल पूजा-पाठ की वस्तु बन गये हैं। अगर इन ग्रंथों में 'क्या करें और क्या न करें' के साथ-साथ विस्तार से यह बता दिया गया होता कि कोई काम करना चाहिए तो क्यों करना चाहिए और कोई काम नहीं करना चाहिए तो क्यों नहीं करना चाहिए, तो लोग इन बातों को आसानी से अपना सकते थे।

जब तक सिखाये जा रहे विषय के पीछे के तर्क को कोई व्यक्ति ठीक से नहीं पकड़ पाता तब तक वह इसे व्यावहारिक जीवन में उतारने में असफल रहता है। क्योंकि एक व्यक्ति का 'मैं' उस पर हमेशा हावी रहता है, इसलिए वह किसी भी बात के अच्छे और बुरे पहलुओं को तोले बिना उन्हें नहीं अपनाता, और अगर वह किसी चीज का अंधानुकरण करता है तो वह इससे लाभान्वित नहीं होता है। आज समाज में यह देखा जाता है कि जब भी लोग ज्ञान के नाम पर और धर्म के भय के नाम पर चीजों को आंख बंद करके अपनाते हैं तो वे सच्चे अर्थ में ज्ञान प्राप्त नहीं कर पाते।

यहां मैं 'गीता' का उदाहरण रखना चाहूंगा। गीता में कहा गया है कि 'आपको सिर्फ कर्म करने का अधिकार है, फल पाने का नहीं।' इसका सीधा मतलब है कि आप अपने कर्म करते रहें, अपने कर्तव्यों को पूरा करें, मगर आपको यह अधिकार नहीं है कि आप उसका लाभ या फल पाने की अपेक्षा करें।

गीता में कही गयी इस बात को सुनकर आपके अंदर तत्काल यही प्रतिक्रिया होगी, 'क्यों नहीं लाभ पाने की अपेक्षा करें जबकि इसी नीयत से हम काम करते हैं कि उससे हमें कुछ लाभ होगा।' गीता में जो कहा गया है वह एकदम सही है मगर उसे इस तरह से व्याख्यायित नहीं किया गया है जिससे कि लोग आसानी से समझ सकें। इसलिए इस प्रकार के उपदेशों की एक तार्किक, उचित और विस्तृत व्याख्या किये जाने की जरूरत है।

हमारे धर्मग्रंथों की आधुनिक संदर्भ में पुनर्व्याख्या होनी चाहिए

जैसा कि मैंने बताया कि स्कूल-कॉलेजों में हम साक्षरता प्राप्त करते हैं, वास्तविक शिक्षा नहीं। साक्षरता आपको रोजगार दिलाने में मदद तो कर सकती है लेकिन संपूर्णता प्रदान नहीं करती। इस अर्थ में साक्षरता और शिक्षा दो भिन्न विषय हैं।

किसी भी संस्कृति में प्रचलित प्राचीन धारणाएं ज्ञान के विकास को प्रभावित करती हैं और यही बात धर्मग्रंथों पर भी लागू होती है। आधुनिक युग में बहुत सी ऐसी किताबें सामने आयी हैं जो धर्मग्रंथों को आधुनिक संदर्भों में व्याख्यायित करती हैं। इससे प्राचीन भारतीय साहित्य की उत्कृष्टता और समृद्धि तो सामने आती ही है, साथ ही हमारे ज्ञान के आधार को मजबूत करने की क्षमता भी सामने आती है।

ऐसे धर्मग्रंथ जो प्राचीन काल में लिखे गये थे आधुनिक संदर्भ में उनकी पुनर्व्याख्या आवश्यक है क्योंकि जैसे कि मैंने कहा कि तार्किक मॅसल के विकसित होते जाने से व्यक्ति के अंदर चीजों के बारे में समझने और उनका विश्लेषण करने का गुण विकसित हो गया है यानी वे बतायी गयी बातों को भिन्न दृष्टिकोण से देखने लगे हैं।

हमें ऐसी पुस्तकों को प्रोत्साहित करने की जरूरत है जो नयी दृष्टि से धर्मग्रंथों का पुनरावलोकन करें और उनमें दिये गये विचारों को अधिक स्पष्टता के साथ सामने रखें। अधिक स्पष्टता लाने के लिए व्यक्ति की आधारभूत विचार प्रक्रिया में समुचित वृद्धि करना आवश्यक है। इससे धर्मग्रंथों में निहित मुख्य संदेश से संबंधित सभी प्रश्नों के समुचित उत्तर मिल सकेंगे और वे आधुनिक संदर्भ में अधिक स्वीकार्य और ग्राह्य होंगे।

मेरा मानना है कि लोगों को जीवन के पहलुओं के बारे में यानी जीवन के मनोवैज्ञानिक और भावनात्मक पहलुओं के बारे में, दूसरे शब्दों में, जीवन के संपूर्ण दर्शन के बारे में युवाओं को शिक्षित करने के लिए ऐसी पुस्तकों को, यानी धर्मग्रंथों को आधुनिक संदर्भ में प्रस्तुत करने वाली पुस्तकों को, दसवीं कक्षा से ही पाठ्यक्रम में अनिवार्य बना दिया जाना चाहिए।

ऐसा करते समय हम मूल ग्रंथों से कोई छेड़छाड़ नहीं करेंगे। प्राचीन भारतीय धर्मग्रंथों में निहित बहुमुखी शिक्षाओं के विवेचन से हम आधुनिक संदर्भ में उनके महत्व को समझ सकेंगे और वर्तमान शिक्षा व्यवस्था में उनकी उपयोगिता को भी। उदाहरण के लिए, गीता सार्वभौम सत्य की प्रतीक है। इसकी पुनर्व्याख्या करते समय हम इसके मूल सार तत्व से कोई छेड़छाड़ नहीं करेंगे बल्कि मानव जाति के नैतिक और आध्यात्मिक संदर्भ में इसमें निहित संदेश को सहज और स्वीकार्य बनाएंगे।

इसी तरह हम अन्य धर्मग्रंथों के साथ भी यही प्रक्रिया अपनायें तो उनमें निहित ज्ञान को सही अर्थों में हम समझ सकेंगे और उसे अपने आधुनिक जीवन की विभिन्न स्थितियों पर लागू कर सकेंगे।

शिक्षा की व्यापक पहुंच की जरूरत

शिक्षा या साक्षरता का एक बहुत ही चिंतनीय पहलू है अच्छे शिक्षकों की बहुत ज्यादा कमी। एक अनुमान के अनुसार भारत में प्राथमिक स्तर पर गुणवत्तापूर्ण शिक्षा देने के लिए 12 लाख अध्यापकों की कमी है, इस तथ्य को ध्यान में रखते हुए कि प्रति 30 विद्यार्थियों पर एक शिक्षक की जरूरत होती है।

इस कमी को दूर करने का सबसे अच्छा उपाय है सूचना प्रौद्योगिकी के माध्यम से ऑन लाइन शिक्षा पद्धति का विकास करना। इस पद्धति से बहुत अच्छे-अच्छे शिक्षक एक ही स्थान पर बैठकर कैमरे के द्वारा कक्षाओं में लगे इलेक्ट्रॉनिक स्क्रीन के जरिये लाखों विद्यार्थियों तक एक साथ पहुंच सकते हैं। इन कक्षाओं में स्थानीय शिक्षक भी बैठ सकेंगे जिससे धीरे-धीरे उनका भी अच्छा शैक्षणिक विकास होगा।

मेरे एक मोटे आकलन के अनुसार इस अत्यंत सुंदर पद्धति को केवल एक लाख रुपये प्रति सैट के खर्च से ही लागू किया जा सकता है। इससे बहुत ही उच्च स्तरीय शिक्षा देश के कोने-कोने तक पहुंच सकती है।

सरकार देश के कॉर्पोरेट उद्यमियों को आयकर आदि का लाभ प्रदान कर इस कार्य को उनके कॉर्पोरेट सामाजिक दायित्व (सीएसआर) में भी शामिल करा सकती है।

निष्कर्षः

जैसा कि मैंने कहा कि शिक्षा के स्तर को उठाने के लिए आवश्यक सुधार लागू करके और इसकी पहुंच देश के दूर-दराज इलाकों तक बना करके गुणवत्तापूर्ण शिक्षा के प्रभाव को महसूस किया जा सकेगा।

आज हम देखते हैं कि हमारा पूरा समाज आपसी लड़ाई-झगड़े, वैमनस्य, अत्यधिक तनाव और भ्रष्टाचार से ग्रस्त है। इसका सबसे बड़ा कारण यह है कि आम लोगों को जीवन के बारे में समुचित ज्ञान प्राप्त नहीं हो रहा है। एक व्यक्ति का जीवन के बारे में यानी जीवन के दर्शन के बारे में ज्ञान जितना ज्यादा होगा उसके आंतरिक व्यक्तित्व यानी आध्यात्मिक व्यक्तित्व का विस्तार भी उतना ही अधिक होगा और उतना ही अधिक उसे सम्मान, प्यार और सुरक्षा प्राप्त होंगे। जीवन की सच्चाइयों को जाने बिना, उनको व्यवहार में अपनाये बिना हमारे आंतरिक व्यक्तित्व का विकास तो हो ही नहीं सकता बल्कि हम अपने अस्तित्व को भी प्रमुखता से सामने नहीं ला सकते।

यही कारण है कि शिक्षा की भूमिका बहुत महत्वपूर्ण हो जाती है। यह शिक्षा केवल साक्षरता प्रदान करने में ही नहीं बल्कि जीवन के दर्शन का ठोस ज्ञान उपलब्ध कराने में है जो शिक्षार्थियों को प्रारंभिक अवस्था से ही उपलब्ध करायी जानी चाहिए। इस शिक्षा में जीवन के ऐसे स्वस्थ मूल्य निहित होने चाहिए जो हमारे आंतरिक व्यक्तित्व के विकास में मदद करके हमें भावनात्मक संतुष्टियां प्रदान करें और साथ ही हमारे व्यक्तित्व को विशाल बनायें। ज्यादा-से-ज्यादा भावनात्मक संतुष्टियां ज्यादा-से-ज्यादा जीवन के ज्ञान या जीवन के दर्शन को समझकर ही प्राप्त की जा सकती हैं।

इसके अलावा, जैसे कि मैंने कहा है कि हमें अपने वर्तमान के

दृष्टिकोण से अपने प्राचीन धर्मग्रंथों और महाकाव्यों का पुनरावलोकन करने की जरूरत है क्योंकि वे साहित्य के प्राचीनतम रूप हैं जो उन सार्वभौम सत्यों तथा सूत्रों से हमें अवगत कराते हैं जो मानव जीवन के चक्र को नियंत्रित करते हैं।

इस तरह इन तीन तथ्यों का संयोजन—वह शिक्षा जो जीवन का ज्ञान उपलब्ध कराती हो, आधुनिक संदर्भ में प्राचीन ग्रंथों का पुनरावलोकन और शिक्षा के स्तर में गुणवत्तापूर्ण सुधार तथा इसकी दूर-दराज तक पहुंच—निश्चित तौर पर शिक्षा व्यवस्था को हमारी राष्ट्रीय आवश्यकताओं के अनुरूप ढाल सकेगा और इससे हमें ऐसे सुयोग्य नागरिक मिल सकेंगे जो देश को सच्ची और निरंतर प्रगति की राह पर ले जा सकें।

मीडिया

अगर मीडिया बहुत रचनात्मक तरीके से अपनी जिम्मेदारियां निभाता है तो समाज के लिए बहुत ज्यादा लाभप्रद है। मीडिया का प्राथमिक दायित्व चहुंमुखी समाज कल्याण को प्रोत्साहित करना होना चाहिए न कि खबरों को सनसनीखेज बनाकर प्रस्तुत करना। आधुनिक प्रिंट और इलेक्ट्रॉनिक मीडिया इतने तीव्र हैं कि किसी भी गलत सूचना को करोड़ों पाठकों और दर्शकों तक पहुंचने में जरा सा भी समय नहीं लगता। इसलिए मानव समाज पर प्रभाव की दृष्टि से मीडिया की भूमिका और भी अधिक महत्वपूर्ण हो जाती है।

4. मीडिया

अब मैं उस आधुनिक मीडिया के प्रभाव के बारे में विस्तार से चर्चा करना चाहूंगा जो आज के सामाजिक परिदृश्य में संचार का एक बेहद शक्तिशाली औजार है।

मीडिया की प्रभावकारी भूमिका

आज मानव सभ्यता की समूची प्रगति संचार व्यवस्थाओं पर निर्भर करती है जिन्होंने समूचे विश्व को एक कर दिया है। यह संचार व्यवस्था ही है जो पूरी दुनिया को जोड़े हुए है। अगर मनुष्य के बीच संवाद—संचार की स्थिति नहीं बनती तो न मनुष्य का विकास होता, न समाज का, न सभ्यता का, न राष्ट्र का। संचार तंत्र यानी मीडिया तंत्र के बिना हम अपने ही परिवेश में अपरिचित रह जाते और तब हम मानुष नहीं अमानुष ज्यादा होते।

मीडिया के द्वारा ही सारी बातें देश के हर व्यक्ति तक संप्रेषित होती हैं। अगर मीडिया बहुत रचनात्मक तरीके से अपनी जिम्मेदारियां निभाता है तो समाज के लिए बहुत ज्यादा लाभप्रद है। क्योंकि मीडिया जब तक जनमानस के बीच सही बातें, सही दिशाएं और उनके बौद्धिक स्तर को ऊंचा उठाने के लिए शिक्षा की सही बातों को नहीं पहुंचाता है तब तक समाज और देश के प्रत्येक क्षेत्र में व्यापक

और समान उन्नति नहीं हो सकती है। इसलिए मीडिया का प्राथमिक दायित्व चहुंमुखी समाज कल्याण को प्रोत्साहित करना होना चाहिए न कि खबरों को सनसनीखेज बनाकर प्रस्तुत करना। आधुनिक प्रिंट और इलेक्ट्रॉनिक मीडिया इतने तीव्र हैं कि किसी भी गलत सूचना को करोड़ों पाठकों और दर्शकों तक पहुंचने में जरा सा भी समय नहीं लगता। इसलिए मानव समाज पर प्रभाव की दृष्टि से मीडिया की भूमिका और भी अधिक महत्वपूर्ण हो जाती है।

मीडिया की लगातार बढ़ती नकारात्मक भूमिका

मीडिया ने सूचना, कला, साहित्य, संस्कृति आदि क्षेत्रों में चमत्कारिक परिवर्तन पैदा किये हैं लेकिन यह एक कड़वी वास्तविकता है कि इसने समाज में दुर्भावना तथा संकुचित मानसिकता को बढ़ावा देकर मानवीय हित की दृष्टि से अपनी क्षमता का दुखद अवमूल्यन कर दिया है।

मीडिया की भूमिका अगर निरंतर बहुत ज्यादा नकारात्मक होती है तो जनमानस की मनोवृत्ति (मेन्टल कंडीशनिंग) भी नकारात्मक हो जाती है—जैसे अविश्वास, गैर जिम्मेदाराना प्रवृत्ति, गंदी आलोचनाओं के साथ हमेशा गलत निष्कर्ष निकालने की प्रबल प्रवृत्ति वगैरह-वगैरह। यह स्थिति हर पहलू से लोगों के मन से सकारात्मकता को मिटा देती है।

संचार व्यवस्था में सबसे व्यापक और सबसे अहम भूमिका दैनिक अखबारों की और अब इलेक्ट्रॉनिक मीडिया की भी होती है। मीडिया सुंदर संसार को सुंदर बनाए रखने में बहुत अहम् भूमिका निभा सकता है। पर यही मीडिया समाज में दुर्भावना, संकुचन और बिखराव पैदा करने का भी कारण बनता है। मीडिया के कुछ अंग तो ऐसे अंदाज

में काम करते हैं कि वे अमानुष को मानुष नहीं, बल्कि मानुष को अमानुष बना रहे हैं।

अखबारों की भूमिका : आजादी से पहले और बाद में

अखबार का प्रकाशन सिर्फ एक और व्यवसाय नहीं है। आजादी से पहले भारत में अखबार की कल्पना एक धर्म के रूप में, एक मिशन के रूप में की गयी थी। अपने इसी मिशनरी आदर्श के तहत मीडिया ने स्वतंत्रता संघर्ष के दौरान महत्वपूर्ण भूमिका अदा की और लोगों को देश के लिए जीने-मरने के लिए प्रेरित किया तथा हमारी गौरवशाली सभ्यता और संस्कृति में निहित नैतिक मूल्यों और आदर्शों को बढ़ावा दिया।

भारत के स्वाधीनता संघर्ष को परवान चढ़ाने और लोगों के सामने एक उद्‌देश्यपूर्ण जीवन का लक्ष्य रखने में अखबारों ने अपने सामाजिक और राष्ट्रीय दायित्व को निभाया था। परंतु आज की अखबारी दुनिया का चरित्र पर्याप्त रूप से बदल गया है।

अगर प्रिंट मीडिया की बात करें तो जिन अखबारों ने आजादी दिलाने में अहम् भूमिका निभायी थी, बाद में वे ही अखबार देश के निर्माण में कोई सार्थक योगदान नहीं कर सके। आज होना तो यह चाहिए कि हर अखबार शपथ ले कि उसे व्यावसायिकता को प्राथमिकता नहीं देनी है, समझौतावादी नहीं बनना है और राष्ट्रहित को सर्वोपरि रखना है।

मीडिया को यह समझ होनी चाहिए कि उनके पाठकों को कब, कहां, कितना, कैसे, क्या चाहिए। उनके सामाजिक हित क्या हैं तथा उनकी प्राथमिकताएं क्या हैं, जिनके आधार पर उनके लिए सुख, सम्मान,

शांति, संतुष्टि और सुरक्षा का मार्ग प्रशस्त किया जा सके—बात को बतंगड़ बना कर नहीं बल्कि किसी बतंगड़ को बात बनाकर; सनसनीखेज खबरों को प्राथमिकता देकर नहीं बल्कि जनकल्याण को प्राथमिकता देकर तथा राष्ट्र की उपेक्षा करके नहीं बल्कि राष्ट्रीयता को परम धर्म मानकर, अपने इस कर्तव्य को हमें निभाना चाहिए। जो लोग मीडिया के संचालन की उपरोक्त सच्चाइयों या आवश्यक बातों को आत्मसात नहीं कर पाते, नहीं मान पाते, नहीं अपना पाते, बेहतर है वे मीडिया के बारे में न सोचें। बिसाती की दुकान से लेकर लोहे के कारोबार तक सैकड़ों ऐसे धंधे हैं जिन्हें वे खुशी से अपना सकते हैं।

मीडिया की भूमिका एक बुजुर्ग मित्र की होती है। एक तरफ जहां वह पाठकों-दर्शकों की रुचियों को ध्यान में रखता है वहीं दूसरी तरफ वह समाज और राष्ट्र की जरूरतों को भी ध्यान में रखता है यानी पाठक-दर्शक क्या चाहता है और उसे समाज-राष्ट्र के हित में क्या दिया जाना चाहिए, इन दोनों ही चीजों के बीच मीडिया को संतुलन कायम करना पड़ता है। मैं समझता हूं कि स्वस्थ-स्वच्छ मनोरंजन के साथ-साथ राष्ट्रीय जरूरतों के प्रति सजग करने वाली सामग्री को प्रकाशित-प्रसारित करना मीडिया का मुख्य काम होना चाहिए।

यहां फिर मीडिया की भूमिका महत्वपूर्ण हो जाती है। नकारात्मक खबरें जिस तरह से अव्यवस्था पैदा करती हैं उसके अनेक उदाहरण दिये जा सकते हैं।

नकारात्मक खबरें और उनका असर

आज मीडिया जगत में पत्रकारों को रोज लिखना-पढ़ना पड़ता है जिससे उनकी तार्किक शक्ति बहुत प्रबल हो जाती है। वे दूसरों की

नकारात्मक बातों की जोर-शोर से आलोचना करते हैं और अखबारों आदि के माध्यम से बहुत तार्किक तरीके से समाज के सामने पेश करते हैं। उनमें से जिन पत्रकारों के मन का दायरा संकुचित या सीमित होता है वे हर व्यक्ति में, हर संस्था में, दोष तलाशने के काम में ही व्यस्त हो जाते हैं।

समाज में अच्छे लोग हैं, अच्छी बातें होती हैं, अच्छा काम होता है, रचनात्मकता विद्यमान रहती है, मगर संकुचित दायरे के तार्किक शक्ति वाले पत्रकार उन बातों को पेश करना तर्कसंगत नहीं समझते।

वस्तुतः मीडियावालों की समस्या यह है कि वे मीडिया का व्यवसाय करते हैं। यह ऐसा व्यवसाय है जिसमें नकारात्मक खबरें बड़ी आसानी से बिकती हैं। लेकिन यदि मेरे पत्रकार साथी थोड़ी ज्यादा मेहनत करें और सकारात्मक खबरें तैयार करें तो वे भी अच्छी बिकेंगी। हां, यह अवश्य है कि किसी समाचार को अधिक रोचक और पठनीय बनाने के लिए एक पत्रकार को उस समाचार की पूरी पृष्ठभूमि सामने लानी होगी जिसके लिए उसे घंटों श्रम करना पड़ेगा, संदर्भ सामग्री जुटाने के लिए घंटों पुस्तकालय में बैठना पडेगा, अपने आलेख को संक्षिप्त और सारगर्भित बनाना पड़ेगा और उसके लिए एक आकर्षक शीर्षक भी तैयार करना पड़ेगा (एक आलेख के लिए नियमतः कम से कम तीन शीर्षक बनाए जाने चाहिए और उनमें से सर्वश्रेष्ठ का चयन किया जाना चाहिए)। आलेख को अधिक पठनीय बनाने के लिए उसमें अनेक उप-शीर्षक दिये जाने चाहिए तथा दी गयी जानकारी को आंकड़ों, ग्राफ, चार्ट आदि की मदद से प्रामाणिक बनाया जाना चाहिए। लेकिन नकारात्मक आलेख में ऐसा कुछ भी नहीं करना होता। उसे तैयार करने में केवल कुछ ही मिनटों का समय लगता है (क्योंकि

आजकल इस तरह के समाचार हर घंटे, महीने के तीसों दिन, बाहर आते रहते हैं)।

नकारात्मक समाचारों के कारण लोग संकुचित भावनात्मक दायरे में पहुंचते जा रहे हैं

शहरों में, और खासकर पढ़े-लिखे लोगों के बहुत ज्यादा संकुचित मानसिक दायरे में चले जाने का एक बहुत बड़ा कारण है अखबारों में नकारात्मक खबरें पढ़-पढ़कर और टेलीविजन पर नकारात्मक खबरें देख-देखकर हमारे अंदर मानसिक संकुचन पैदा होते जाना। ऐसे संकुचित दायरे में जाने के पीछे जो मनोवैज्ञानिक कारण हैं, पहलू हैं, उसे इस उदाहरण से समझा जा सकता है।

मान लीजिए किसी शहर में कर्फ्यू लागू कर दिया गया क्योंकि शहर में बहुत दंगे हुए हैं, काफी लोग हताहत हुए हैं। ऐसी परिस्थिति में शहर के अमूमन सभी व्यक्ति भयभीत होकर अपने घर की किसी कोठरी में दुबक जाते हैं, चाहे ठीक से खाना-पीना एवं तमाम और आवश्यकताओं तथा इच्छाओं की पूर्ति हो या न हो। मनुष्य ऐसी परिस्थितियों में इसलिए दुबक जाता है क्योंकि मनुष्य के स्वभाव में निहित सुरक्षाबोध उसके ऊपर सबसे ज्यादा हावी रहता है। इसी तरह जब संचार माध्यम से, खासकर रोज सुबह के अखबारों से या टेलीविजन से हमें बलात्कार, हत्या, लूट, अपहरण, चोरी और अन्य डरावनी नकारात्मक खबरें अपने मुहल्ले के बारे में, अपने समाज, देश के बारे में मिलती हैं तो हमारे मन का दायरा, हमारी मानसिकता एकदम संकुचित हो जाती है, दुबक जाती है। दूसरों के प्रति कर्तव्य निभाने, दूसरों में सकारात्मक गुण देखने और उन पर विश्वास करने

की हमारी संवेदना मरने लगती है। यह अपने आपको अपने छोटे परिवार के संकुचित भावनात्मक दायरे में छिपाने लगती है। ऐसी स्थिति में लोग सिर्फ जीने के लिए जीने लगते हैं और वह भी बहुत ही साधारण ढंग से।

मरती हुई संवेदना का असर देश और समाज में हो रही विघटनकारी गतिविधियों में स्पष्ट तौर पर देखा जा सकता है। दूसरे शब्दों में, ऐसी मानसिकता और गतिविधियों वाले समाज को पशुवत मनुष्यों का समाज कहा जा सकता है और इसके लिए अधिकांशतः मीडिया ही जिम्मेदार है।

आज देश के हर हिस्से में अलगाव की भावना बढ़ती दिखाई देती है। हालात ऐसे हो गये हैं कि जब एक व्यक्ति आधी रात को अपने भाई को जगाकर कहता है, 'भाई, जाग जा, हमारे पड़ोसी के घर में आग लग गयी है', तो उसे तत्काल जवाब मिलता है, 'बेवकूफ, तूने मुझे क्यों जगा दिया, मुझे सोने दे और तू भी जाकर सो जा, इस बारे में हम कल सुबह अखबार में पढ़ लेंगे।'

हत्या, लूट, अपहरण, चोरी और अन्य डरावनी खबरों को पढ़ते-सुनते लोगों का मानसिक यानी भावनात्मक दायरा तो संकुचित होता ही चला गया है, साथ ही उनमें खबरों के प्रति ऊब पैदा होती जा रही है। लोगों को सकारात्मक खबरों की दरकार है, अखबारों और इलेक्ट्रॉनिक मीडिया को उनकी इस जरूरत को पूरा करना चाहिए।

दूसरों के लिए, समाज के लिए, देश के लिए अच्छा काम करने वाले लोगों की प्रशंसा करते हुए बड़ी मात्रा में सकारात्मक खबरें दी जायें तो इससे लोगों के भावनात्मक दायरे को विस्तृत करने में मदद मिलेगी और साथ ही इससे लोगों को आत्म-पहचान और तरक्की पाने के लिए अच्छे कार्य करने का प्रोत्साहन मिलेगा। हांलाकि मीडिया का

कार्य लोगों को गलत कार्यों से रोकना भी है, मगर समान रूप से हमें सकारात्मक होने की जरूरत है जैसा कि ऊपर उल्लेख किया गया है।

मीडियाकर्मियों में 'स्वयं भय' होना चाहिए 'दंड भय' नहीं

समाचारों का नकारात्मक प्रस्तुतीकरण प्रेम, सहयोग, भ्रातृत्व जैसे सामाजिक गुणों का आम लोगों के बीच अवमूल्यन कर देता है। इस नकारात्मकता से देश की सामूहिक एकता भी प्रभावित होती है जिसकी बिना पर समूचे समाज का ढांचा खड़ा हुआ है। इसे देखते हुए मीडिया से जुड़े हुए लोगों की भूमिका बहुत अधिक महत्वपूर्ण हो जाती है लेकिन वे अपनी सही भूमिका तभी निभा सकते हैं जब वे भीतर से भयरहित हों। और एक व्यक्ति अंदर से तभी निडर हो सकता है जब उसके अंदर आत्मभय हो।

हमेशा याद रखिए कि एक व्यक्ति को अपने मन यानी अपने अंदर की चेतना से डरना चाहिए क्योंकि यही वह भाव है जिसके कारण एक व्यक्ति दूसरों के प्रति जायज कर्तव्यों का निर्वाह कर सकता है और ऐसी स्थिति उत्पन्न नहीं होने देता जिसके कारण उसके अंदर आत्मग्लानि की भावना पैदा हो। स्वयं भय वाला व्यक्ति कभी किसी ऐसे काम में संलग्न नहीं होगा जिससे उसका कद छोटा हो। केवल ऐसा व्यक्ति ही जिसके अंदर स्वयं भय होता है, एक निडर और निर्भीक पत्रकार बन सकता है और वही समाज एवं देश के प्रति कर्तव्यों का उचित निर्वाह कर सकता है।

मैं पूरी तरह से मानता हूं कि ऐसे लोग जो नैतिकता से बंधे हुए हैं और जो अपने अंतर्मन यानी अपनी आंतरिक चेतना का अनुसरण करते है, अपने दायित्वों का उचित निर्वाह करते हैं, नियम-कानूनों और

मूल्य-मान्यताओं का कड़ाई से पालन करते हैं। वे किसी बाहरी दंड से नहीं डरते बल्कि स्वयं अपने आप से डरते हैं। ऐसे लोग उच्च चेतना संपन्न आत्मप्रेरित लोग होते हैं। वे कभी भी अपनी नजरों में नहीं गिरते बल्कि दूसरों के प्रति हमेशा अपने जायज कर्तव्यों का निर्वाह करते हैं।

नकारात्मक खबरों की जगह किसी भी सूरत में सकारात्मक खबरों से ज्यादा नहीं होनी चाहिए

उपरोक्त के विपरीत, मैंने देखा है कि बहुसंख्य मीडियाकर्मी दूसरों के प्रति अपने उचित कर्तव्य निर्वाह में और दूसरों की भावनाओं का ध्यान रखने के मामले में अपने अंतर्मन यानी अपनी भीतरी चेतना से निर्देशित नहीं होते। ऐसे लोगों के विरुद्ध सचमुच कार्रवाई की जरूरत है। इसे चाहे उनकी अज्ञानता कहिए या कुछ और, देशभर में ऐसे पत्रकार साथी पैदा हो गये हैं जिन्होंने विचारविहीन आलोचना को अपना जन्मना अधिकार या धर्म मान लिया है। मैं बता चुका हूं कि उनकी यह प्रवृत्ति वस्तुतः समाज, देश और समूची मानव जाति के लिए बहुत ही घातक है।

इन सबके लिए मीडिया के प्रवर्तक प्रमुखतः दोषी हैं और ऐसे लोगों के लिए जो सिर्फ नकारात्मक चीजें प्रचारित-प्रसारित करते हैं, कड़े दंड की व्यवस्था होना चाहिए। उन्हें इस तथ्य से अवगत कराया जाना चाहिए कि मीडिया का उद्देश्य देश की सेवा करना है न कि इससे प्राप्त विशेष अधिकार का आनंद लेना।

जहां तक किसी नकारात्मक खबर के सही होने का सवाल है तो इसे बिना बढ़ाये-चढ़ाये और इसमें अनुचित संपादन किये बिना, उचित तरीके से प्रकाशित या प्रसारित किया जा सकता है। लेकिन मीडिया

के संचालकों को निश्चित तौर पर प्रोत्साहित किया जाना चाहिए कि वे अधिकतम सकारात्मक खबरों को उठायें। उनके बीच यह सूत्र होना चाहिए 'अगर आप बीस प्रतिशत नकारात्मक खबरें जुटा रहे हैं तो अस्सी प्रतिशत खबरें सकारात्मक जुटायें। सकारात्मक खबर जुटाने का मतलब है कि एक खबर को समुचित तरीके से प्रकाशित किया जाये और यह पाठकों या दर्शकों के बीच उचित संदेश प्रसारित करे, बात को बढ़ा-चढ़ाकर कहे बिना।

विभिन्न श्रेणियों के समाचारों के लिए नियमों का निर्धारण

वस्तुतः जो प्रस्तुत किया जाना चाहिए उसके स्थान पर मीडियाकर्मी प्रायः अपने व्यक्तिगत आग्रह-दुराग्रह और अनुभवों को ज्यादा प्रस्तुत करते हैं। इसलिए मेरा मानना है कि मोटे तौर पर तीन श्रेणियों की खबरों के निर्धारण के लिए विशेष नियम और दिशा-निर्देश तैयार किये जाने चाहिए।

निष्पक्ष खबर—इस तरह की खबर समाचार और सूचना का मिश्रण होती है जो पाठकों के समक्ष किसी भी समाचार के दोनों पहलुओं को बिना किसी पक्षपात के तथा किसी के भी पक्ष में निष्कर्ष निकाले बिना तटस्थता के साथ प्रस्तुत की जाती है।

इस प्रकार की खबरें जो निष्पक्ष, तटस्थ और बिना किसी दुराग्रह के होती हैं और जो प्राथमिक तौर पर घटना की सच्चाई को अपना आधार बनाती हैं तथा विवादास्पद विषयों को भी उचित और बिना किसी लाग-लपेट के प्रस्तुत करती हैं, वे स्वागत योग्य हैं और उन्हें प्राथमिकता पर रखा जाना चाहिए।

नकारात्मक खबर—नकारात्मक खबर वह है जो पाठकों और दर्शकों

में गलत प्रवृत्तियों को बढ़ावा देती है। ऐसी खबर पर रोक लगनी चाहिए और इसे एक सीमा से बाहर नहीं जाने दिया जाना चाहिए। यहां मेरा तात्पर्य यह नहीं है कि ऐसी खबरों पर सेंसरशिप लागू कर दी जानी चाहिए या इन्हें पूरी तरह प्रतिबंधित कर दिया जाना चाहिए। अभिव्यक्ति की स्वतंत्रता हमारे लोकतांत्रिक ढांचे की एक प्रमुख भावना है। तथापि, यह सुनिश्चित किया जाना जरूरी है कि नकारात्मकता उसी सीमा तक हो जहां तक यह खबर की सच्चाई को प्रकट करती हो। अगर नकारात्मकता इस हद से बाहर जाये और खबर को विचारहीन तरीके से सनसनीखेज बनाने पर आमादा दिखे तो ऐसा करने वाले पत्रकार को कड़े दंड का भागी होना चाहिए।

सकारात्मक खबर—सकारात्मक खबर समाज में हो रहे अच्छे कार्यों को उचित तरीके से प्रचारित-प्रसारित करती है और उन्हें प्रोत्साहित करती है तथा उन्हें छोटे-बड़े सभी स्तरों पर लोकप्रिय बनाती है। ऐसी खबरों को ज्यादा से ज्यादा प्रचारित-प्रसारित करने की जरूरत है। मीडियाकर्मियों को खबर में ज्यादा से ज्यादा सकारात्मकता का तत्व शामिल करने के लिए प्रोत्साहित किया जाना चाहिए। जो मीडिया संस्थान, अखबार या चैनल और जो पत्रकार सकारात्मक रुझान प्रस्तुत करते हैं और सकारात्मकता के साथ खबरों को प्रस्तुत करने को अपना जायज कर्तव्य मानते हैं या सकारात्मकता को खबर का मुख्य तत्व बनाते हैं, उन्हें अधिक से अधिक लाभ प्रदान किया जाना चाहिए।

त्वरित अदालतों (फास्ट ट्रैक कोर्ट) का गठन

इसमें कोई संदेह नहीं कि मजबूत और स्वस्थ मीडिया हमारे लोकतांत्रिक ढांचे के लिए अनिवार्य है। प्रेस की स्वतंत्रता और अभिव्यक्ति की

स्वतंत्रता लोकतांत्रिक व्यवस्था के आधारभूत तत्व हैं। इन्हें हमारे संविधान में मूलभूत अधिकारों के तौर पर शामिल किया गया है। एक लोकतांत्रिक व्यवस्था में मीडिया को पूरी आजादी होनी चाहिए लेकिन साथ ही उसके साथ एक स्पष्ट दायित्वबोध भी रहना चाहिए और कुछ मर्यादाएं भी होनी चाहिए जिससे यह सुनिश्चित हो सके कि प्रचारित-प्रसारित खबर प्रत्यक्ष या अप्रत्यक्ष तौर पर समाज पर बुरा प्रभाव तो नहीं डाल रही।

लेकिन जैसा कि मैंने कहा कि इधर मीडिया कभी-कभी समाज के सबसे बड़े दुश्मन के रूप में उभरता हुआ दिखाई देता है इसलिए यह आवश्यक है कि ऐसे कानून बनाये जायें जिससे कि मीडिया अपना स्वार्थ साधने के दौरान सामाजिक ढांचे में गिरावट पैदा न कर पाये।

इसके लिए ऐसी विशेष अदालतों का गठन किया जाना चाहिए जो यह सुनिश्चित करें कि मीडिया का व्यवहार स्वस्थ मीडिया मूल्यों के अनुरूप पूरी तरह सत्य पर आधारित हो। और साथ ही उन्हें कटघरे में खड़ा करें जो तथ्यों को तोड़-मरोड़कर प्रस्तुत करते हैं और सार्वजनिक मामलों में झूठ परोसते हैं।

झूठी, मनगढ़ंत और समाज विरोधी खबरों के प्रकाशन और प्रसारण से निपटने के लिए मुझे विशेष अदालतों या फास्ट ट्रैक कोर्ट का गठन एक बेहतर समाधान प्रतीत होता है। यह विचार थोड़ा अटपटा और क्रियान्वयन के स्तर पर बहुत कठिन प्रतीत हो सकता है। लेकिन इससे तीव्र न्याय सुनिश्चित हो सकेगा और बिना लंबे इंतजार के मर्यादाओं का अतिक्रमण करने वाले लोगों को कटघरे में लाया जा सकेगा।

ऐसी अदालतें अपने संज्ञान में लाये गये मामलों को एक निश्चित अवधि में निपटा सकती हैं और ऐसे मीडियाकर्मी जिन्हें दोषी पाया जाता है उन्हें सजा दी जा सकती है। यह सजा कम से कम दो वर्ष

कारावास की हो सकती है। ऐसी सूरत में जब मामला बहुत अधिक गंभीर हो और किया गया गलत कार्य बहुत बड़ा हो तो इस तरह की नकारात्मकता को प्रकाशित-प्रसारित करने वालों पर 10-15 करोड़ से लेकर अधिकतम 100 करोड़ रुपये तक का जुर्माना लगाया जा सकता है। यहां तात्पर्य प्रकाशन या प्रसारण संस्थाओं के मालिकों से है।

हम पत्रकारों, प्रकाशकों तथा मीडिया संचालकों को यह बात हमेशा ध्यान में रखनी चाहिए कि हमारा आधारभूत उद्देश्य समाज, देश और समूची मानवता के बृहतर हितों में योगदान करना है। इस नाते यह सुनिश्चित करने के लिए कि मीडिया का विकास रचनात्मक ढांचे के आधार पर हो, यह आवश्यक है कि इसमें से विनाशक तथा असामाजिक तत्वों को निकालकर बाहर किया जाये। और यह सुनिश्चित करने के लिए कि ऐसे तत्व मीडिया को आगे दूषित न कर सकें और ये पूरी तरह से समाचार व्यवस्था से निकालकर बाहर किये जा सकें, त्वरित न्याय की व्यवस्था तात्कालिक आवश्यकता है।

त्वरित अदालतों के निर्णयों में मदद के लिए 'सलाहकार परिषद' का गठन

एक बड़ी समस्या जो ऐसी अदालतों के सामने आ सकती है वह है कि विशेष मामले को तथ्यों और सूचनाओं के आधार पर निपटाने के लिए समुचित साक्ष्यों को एकत्रित करना जो एक निश्चित अवधि में अपराधियों को दंडित करने के लिए आसानी से नहीं जुटाये जा सकते।

इस समस्या से निपटने के लिए एक ऐसी सलाहकार परिषद का गठन किया जा सकता है जिसके सदस्यों के तौर पर शिक्षा, धर्म, कला, प्रशासन आदि क्षेत्रों के विशेषज्ञों को शामिल किया जाये,

जिनकी मुख्य भूमिका मीडिया बिरादरी की समग्र कार्य प्रणाली पर निगरानी रखने की हो। ऐसा करते समय यह परिषद यह सुनिश्चित करे कि तीन श्रेणियों की खबरों के संबंध में बनाये गये दिशा-निर्देशों का अक्षरसः पालन हो।

इस परिषद की प्राथमिक जिम्मेदारी ऐसे नियम बनाने की हो जिनके आधार पर उन प्रमुख व्यक्तियों की पहचान की जा सके जो मीडिया को मानवीय अधिकार और गरिमा को सम्मान देते हुए संचालित करते हैं और साथ ही उन लोगों की पहचान भी करनी होगी जो अपने स्वार्थों के लिए मीडिया का दोहन करते हैं।

ऐसी सूचना जो झूठी हो, पक्षपातपूर्ण हो, अपमानजनक हो और किसी के निजी जीवन और व्यक्तिगत प्रतिष्ठा का हनन करने वाली हो, परिषद के सदस्यों द्वारा निकटता से देखी-परखी जाये। ऐसी खबर से संबंधित व्यक्ति को अपने कार्य के स्पष्टीकरण के लिए उचित समय भी प्रदान किया जाये। और अगर यह स्पष्टीकरण उचित नहीं पाया जाये तो संबंधित व्यक्ति को दंड का भागी ठहराया जाये।

इस तरह की सलाहकार परिषद को सीधे-सीधे त्वरित अदालतों से संबद्ध किया जाये जिन्हें वे अपनी जांच और निरीक्षण के आधार पर प्रतिवेदन प्रस्तुत करेंगे। इससे अदालतों को विचाराधीन मामले में पर्याप्त साक्ष्य उपलब्ध होंगे और उन्हें मामले को त्वरित तरीके से निपटाने में आसानी होगी।

निष्कर्ष :

अंत में मीडिया के संबंध में मुझे कहना है:

जनसंचार माध्यमों से जुड़े हम सभी लोगों के लिए सुंदरतम सच्चाई

यह है कि भारत हमारा घर है, हम भारतीय परिवार के हैं, राष्ट्रीयता हमारा धर्म है, मानवता पर आधारित आदर्शवाद हमारा जीवन दर्शन है, हम जानते हैं कि सामूहिकतावाद सुंदर जीवन का रहस्य है, स्वाभिमान एवं कर्तव्यपरायणता हमारी परम्परा है, कर्मयोग हमारा स्वभाव है और सच्चाई हमारी 'पूजा' (हिंदू पद्धति), 'इबादत' (इस्लामी पद्धति), 'अरदास' (सिख पद्धति) और 'प्रेयर' (ईसाई पद्धति) है।

यह हमारा दावा रहा है कि हमने अपनी संस्था सहारा में इसके अस्तित्व के 39 वर्षों के दौरान ऐसा कोई काम नहीं किया है जो नियम-कायदे-कानून के विरुद्ध हो (तकनीकी तौर पर नहीं बल्कि इस मूल भावना को ध्यान में रखते हुए कि किसी भी कानून को बनाने के पीछे एक महत्वपूर्ण कारण होता है और हमें उसका पालन करना चाहिए), हमने कभी भी कोई अवांछित सौदा नहीं किया और हमेशा आधारभूत मूल्यों और नैतिकताओं का पालन किया है, संस्था के किसी भी प्रमोटर ने जो कि सबके सब अपने योगदान के आधार पर कार्यकर्ताओं के बीच से ही आते हैं, कभी भी संस्था के लाभ या परिसंपत्ति से कोई लाभांश या हिस्सेदारी नहीं ली।

इसके बावजूद सहारा के लोगों को अपने बारे में 80 प्रतिशत से भी ज्यादा समय निराधार, मनगढ़ंत और नकारात्मक खबरें पढ़ने-सुनने को मिलती हैं।

मुझे अपने देश के मीडिया पर तरस आता है।

तरस के साथ, देश के हित के दृष्टिकोण से यह कहना चाहूंगा कि मीडिया में सौ प्रतिशत मनगढ़ंत, गलत और निराधार खबरें छपते रहने से सरकारी नियंत्रण प्रणाली प्रभावित होती है, फाइलों पर सरकार के निर्णय बदल जाते हैं। छपी हुई इन्हीं खबरों के आधार पर फाइलें बंद हो जाती हैं या खुल जाती हैं। इस तरह के अनेक उदाहरण सामने

आ रहे हैं। कहीं-कहीं तो न्यायालय के निर्णय तक बदल जाते हैं।

मीडिया से जुड़े सभी लोगों को एक साथ मिल-बैठकर देश के हित को सोचते हुए मीडिया को संभालना होगा। अन्यथा देश की उन्नति में अगर कहीं कोई बाधा उत्पन्न होती है अथवा इसकी व्यवस्था में गिरावट आती है, समाज में अन्याय का बोलबाला होता है, जनजीवन दुख, दर्द, तनाव, भय, दुश्चिंता, घृणा आदि से ग्रसित होने लगता है तो इसके लिए सबसे ज्यादा मीडिया ही दोषारोपित होगा—हो भी रहा है।

क्योंकि मीडिया मनुष्य जीवन के प्रत्येक पक्ष का स्पर्श करता है इसलिए इसे सार्वजनिक विनाश के हथियार के तौर पर इस्तेमाल नहीं होने देना चाहिए बल्कि इसे हमारी लोकतांत्रिक व्यवस्था के मजबूत और अविचलित स्तंभ के रूप में कार्य करना चाहिए।

धर्म

राष्ट्रीय हित सर्वोपरि हैं और उन्हें सभी धर्मों और धार्मिक आस्थाओं से ऊपर रखा जाना चाहिए। मेरा मानना है कि विशाल भारतीय परिवार की समृद्ध भावनात्मक एकता को बनाये रखने के लिए और विविधिता में एकता के भाव को मजबूती प्रदान करने के लिए एक राष्ट्रीय धर्म का होना अनिवार्य है। राष्ट्रीय धर्म के माध्यम से सभी धार्मिक आस्थाओं, परंपराओं और रीति-रिवाजों को सामाजिक एकता के सूत्र में पिरोया जा सकेगा और इससे एक स्वस्थ और सामूहिक भावनात्मक सह-अस्तित्व के भाव को बल मिलेगा। इस भावना के बल पर एक अधिक मजबूत, अधिक एकीकृत और अधिक समृद्ध भारत का निर्माण किया जा सकेगा।

5. धर्म

धर्म क्या है

एक शब्द जो आपके कानों में हर रोज पड़ता है, हर छोटी-बड़ी चर्चा में अमूमन आ जाता है, वह है 'धर्म'। अगर आपसे धर्म के मायने पूछे जायें तो हो सकता है आप भी पूजा-पाठ, नमाज आदि की बात करें। पर सच्चाई यह नहीं है। अपने देश में ही हमारे पूर्वज 'कर्तव्य' शब्द की जगह 'धर्म' शब्द का इस्तेमाल करते थे। जैसे लोग कहते थे नित्य नहाना आपका धर्म है, भोजन करना आपका धर्म है, बच्चे की अच्छी तरह परवरिश करना आपका धर्म है। समय से बिटिया की अच्छी शादी करना आपका धर्म है और मुहल्ले के लोगों के सुख-दुख में शरीक होना आपका धर्म है, दूसरों के प्रति करुणा, सहानुभूति, सहयोग और सम्मान का भाव रखना आपका धर्म है, इत्यादि। यानी अपने कर्तव्य का पालन करना ही धर्म है।

वास्तव में सम्मान भाव, धर्म भाव और कर्तव्य भाव तीनों एक ही हैं। जिसके अंदर जितना अधिक सम्मान भाव होता है वह उतना ही कर्तव्य पालन में श्रेष्ठ होता है। जो जितना अधिक कर्तव्य का पालन करता है वह उतना ही अधिक धार्मिक होता है। दूसरों के प्रति कर्तव्य निभाना धर्म है। धर्म से आंतरिक व्यक्तित्व का निखार होता है। धर्म के सिद्धांत मनुष्य को मनुष्यवत बनाने के लिए होते हैं

जिससे एक मनुष्य अपने प्रति और दूसरों के प्रति कर्तव्यों का ठीक तरह से पालन कर सके।

आज गलतफहमी में लोग पूजा-पद्धति को ही धर्म मान लेते हैं। पूजा-पद्धतियां भावनात्मक रूप से मनुष्यों को आपस में जोड़ने में सहायक होती हैं। ये नियमों और विधानों से मनुष्य को बांधती हैं ताकि इनके माध्यम से मनुष्य को धर्म के पालन का बोध होता रहे। लेकिन आज पूजा-पद्धति को ही धर्म मान लिया गया है जिसके कारण समाज में हर चीज गलत हो गयी है और तमाम झगड़े-फसाद हो रहे हैं। यह सब अज्ञानता की वजह से है। धर्म के नाम पर पूजा-पद्धति को महत्व देना उसी तरह से है जैसे कोई फौजी ड्रेस पहन ले और सिर्फ सेल्यूट मारता रहे और कोई काम न करे, किसी लड़ाई में न जाये।

धर्म पूजा-पद्धति नहीं, कर्तव्यों का निर्वाह है

धर्म और कर्तव्य की बात पर मुझे एक पौराणिक कथा याद आती है।

एक बार नारद मुनि भगवान विष्णु के पास गये और उनसे बोले, 'हे भगवन, यह बताइए कि इस ब्रह्मांड में आपका सबसे बड़ा पुजारी कौन है?' नारदजी ने सोचा कि भगवन तुरंत यही जवाब देंगे कि तुम्हीं हो, क्योंकि नारद चौबीसों घंटे भगवान का नाम जपते रहते हैं, नारायण-नारायण करते रहते हैं, तो उन्होंने सोचा कि यही जवाब मिलेगा 'तुम हो'। मगर भगवान ने कहा—'यदि तुम मेरे सबसे बड़े पुजारी को देखना चाहते हो तो मृत्युलोक में जाओ, अमुक गांव में अमुक किसान है, वह मेरा सबसे बड़ा पुजारी है।'

नारद जी को बहुत बुरा लगा लेकिन उन्हें इस भक्त किसान का रहस्य जानने की उत्सुकता हुई। वह आये मृत्युलोक में। वहां उन्होंने

देखा कि वह किसान सुबह उठकर मवेशियों की सेवा करता है, दूध वगैरह दुहकर फिर अपना भोजन आदि लेकर खेत में चला जाता है। खेत में जितना उसे काम करना चाहिए उतना काम करता है, फिर शाम को खेत से मेहनत करके लौटता है तो अपने मुहल्ले में लोगों के पास जाता है, उनके दुख-दर्द को बांटता है, अपने परिवार की आवश्यकताओं को देखता है, उनकी खुशियों में शरीक होता है। फिर अपने मवेशियों की देखभाल करके, घर के और लोगों के साथ बातचीत करके, साथ खाना खाकर, सोते समय हाथ जोड़कर 'हे भगवन', कह कर सो जाता है।

नारद जी लौटकर गये भगवान विष्णु के पास और बोले, 'भगवन, मैं चौबीसों घंटे आपका नाम जपता हूं तो आपकी निगाह में मैं सबसे बड़ा पुजारी नहीं हुआ और वह किसान सबसे बड़ा पुजारी हो गया जो दिन में सिर्फ एक बार आपका नाम लेता है, वह भी सोते वक्त। ऐसा क्यों?' भगवान ने कहा, 'नारद जी, आपको समझाने के लिए मुझे कुछ करना होगा। क्या आप मेरा एक आदेश मानेंगे?'

नारद जी ने कहा, 'हे भगवन्, आपका आदेश हमेशा शिरोधार्य है।'

भगवान ने कहा, 'आप अपने हाथ में एक कटोरी ले लें और उसमें लबालब तेल भर लें, फिर उस भरे हुए तेल की कटोरी को अपनी हथेली पर रखकर ब्रह्मांड की सात परिक्रमा कर आयें। आगे मेरा यह भी आदेश है कि आप इस बात का पूरी तरह से ध्यान रखें कि एक भी बूंद तेल उस कटोरी से छलकने न पाये परिक्रमा करते समय।'

नारद जी ने कहा, 'यह कौन सी बड़ी बात है, अभी करके आता हूं।' उन्होंने कटोरी में तेल भरकर उसे हथेली पर लेकर ब्रह्मांड की परिक्रमा करना शुरू किया और ध्यान रखा कि तेल की एक बूंद भी न छलकने पाये।

सात परिक्रमा करने के बाद वापस आकर नारद जी ने कहा, 'भगवन, मैं सात परिक्रमा करके आ गया और तेल की एक बूंद भी नहीं छलकी।' तब भगवान ने पूछा, 'नारद जी, मेरा नाम कितनी बार लिया?'

नारद जी ने कहा, 'मेरे दिमाग में तो आपका हुक्म हावी था कि कहीं तेल की एक बूंद भी न छलक जाये, उसी में मेरा पूरा मन-मस्तिष्क लगा हुआ था, इसीलिए मैं आपका नाम लेना भूल गया।'

तब भगवान ने कहा, 'अब तुम समझ सकते हो कि वह किसान तुमसे बड़ा और बेहतर भक्त क्यों है। मैंने उसे जिन कर्तव्यों को देकर भेजा है, चाहे वे उसके अपने परिवार के प्रति हों, चाहे समाज के प्रति, खेत के प्रति हों या मवेशियों के प्रति, वह अपने उन कर्तव्यों को बड़ी जिम्मेदारी के साथ सुंदर तरीके से पूरा करता है। और उसके बाद भी मेरा नाम लेना नहीं भूलता। यानी वह तुमसे बड़ा भक्त, तुमसे भी बड़ा पुजारी हुआ, यानी वह मेरे आदेश का पालन भी कर रहा है और मेरा नाम भी ले रहा है और तुम जब मेरे आदेश के पालन में मशगूल हुए तो मेरा नाम लेना ही भूल गये।'

वस्तुतः धर्म और कर्तव्य के बीच यही रिश्ता है। हमारा कर्तव्य ही हमारा सबसे बड़ा धर्म है, सबसे बड़ी पूजा है। अपने प्रति कर्तव्य, परिवार के प्रति कर्तव्य, सबके प्रति कर्तव्य—यही सबसे बड़ी पूजा है और कर्म से ही आप कर्तव्य पूरा कर सकते हैं। कर्म जितना उच्च कोटि का होगा, कर्तव्य भी उतना ही उच्च कोटि का होगा और उतने ही उच्च कोटि के आप धार्मिक व्यक्ति होंगे।

इसलिए किसी को भी इस भ्रम में नहीं रहना चाहिए कि धर्म आपके कर्तव्य पालन से हटकर कोई अलग चीज है।

धर्म को कर्तव्यों के संदर्भ में ही समझना चाहिए

यहां मैं अपने सहारा इंडिया परिवार का उदाहरण देना चाहता हूं। सहारा में हम एक-दूसरे को 'सहारा प्रणाम' (सहारा के प्रति सम्मान) करके अभिवादन करते हैं। इस 'सहारा प्रणाम' शब्द के साथ हम सबकी भावनाएं बहुत ज्यादा जुड़ी हुई हैं—सफेद शर्ट, काली पैंट और काली टाई पहनकर सभी छोटे-बड़े कार्यकर्ता मीटिंगों में शरीक होते हैं। प्रत्येक वर्ष 15 अगस्त, 26 जनवरी को 'भारत पर्व' (भारत माता का पर्व) मनाते हैं आदि, इत्यादि। ये सब भावनात्मक रूप से रचनात्मक ऊर्जाओं के साथ एक परिवार की तरह सामूहिकता को बनाए रखने की पद्धतियां अपनायी गयी हैं। इस तरह से सामूहिक रचनात्मक ऊर्जाएं बनी रहेंगी तो उत्पादकता उच्च कोटि की होगी, सामूहिक हित होगा यानी संस्था के कार्यकर्ताओं की निरंतरता और गतिशीलता के साथ, सुरक्षाबोध के साथ धन, सम्मान, प्यार के मामले में सामूहिक प्रगति होगी, लाभ होगा।

लेकिन संस्था का कोई कार्यकर्ता अगर सफेद शर्ट, काली पैंट और काली टाई पहनकर ऑफिस में आकर दिन भर केवल 'सहारा प्रणाम' करता रहे और बिना कोई काम किये रोज 'भारत पर्व' ही मनाता रहे तो आप अच्छी तरह समझ सकते हैं कि संस्था की क्या दशा होगी। भले ही हमारे यहां यूनीफॉर्म, 'सहारा प्रणाम' के अभिवादन और 'भारत पर्व' जैसी चीजों को सम्मान और प्यार के साथ बहुत महत्व दिया जाता हो, फिर भी ऐसे व्यक्ति को तुरंत हटा दिया जाएगा क्योंकि उसका कोई उत्पादक योगदान नहीं होगा।

इस तरह सामूहिकता को भावनात्मक रूप से जोड़े रखने के लिए हम तमाम पूजा-पद्धतियां अपनाते हैं और दीया-अगरबत्ती जलाना, फूल

चढ़ाना, मंत्रोच्चारण करना, नमाज अता करना, अरदास-प्रार्थना करना, आदि कार्यों में मशगूल होते हैं। इन कार्यों में थोड़ा समय देना गलत नहीं है क्योंकि मनुष्य का पूर्ण सम्मानपूर्वक कहीं बार-बार नतमस्तक होना अच्छी बात है। लेकिन अज्ञानतावश लोग इन उपासना पद्धतियों को ही धर्म मान लेते हैं।

आज धर्म के नाम पर उपासना पद्धतियां ही बहुत ज्यादा प्रचलित हो गयी हैं जो समाज के लिए बहुत ही घातक सिद्ध हो रही हैं। धर्म के नाम पर लड़ाई का मतलब होता है अपने साथ लड़ना, यानी अपने लिए बेवजह भावनात्मक असंतुष्टियां पाने का जरिया पैदा करना। ठीक उसी तरह से जैसे कोई मिर्च का चूर्ण दूसरों की आंख में फेंके और अपनी आंख में भी फेंके, फिर दोनों कष्ट से चिल्लाते रहें। क्या लोगों को कोशिश नहीं करनी चाहिए धर्म को जानने की, धर्म की बातों को जानने की, समझने की, अपनाने की? सभी धर्म ग्रंथों में भी अच्छी जिंदगी जीने के तौर-तरीके बताए गये हैं, हमें इन्हें अपने कर्तव्यों के संदर्भ में समझने की कोशिश करनी चाहिए। हम अपने सारे कर्तव्यों को निभाने में जितने अव्वल होंगे, हमारी जिंदगी भी उतनी ही सुंदर होगी।

इस संबंध में मुझे अपने विद्यार्थी जीवन की एक घटना याद आती है। एक बार, मेरे पिताजी एक महिला को डांट रहे थे। वह महिला एक कारखाने के चिकित्सा प्रमुख की पत्नी थी।

मेरे पिताजी उस महिला से कह रहे थे कि वह बहुत बड़ा पाप कर रही है क्योंकि वह अपने पति और तीन बेटों के लिए (उसका सबसे बड़ा बेटा सेना में था जो साथ नहीं रहता था) कभी भी नाश्ता, टिफिन या लंच नहीं बनाती थी। वह सुबह छह बजे उठ जाती थी और उसके बाद पूरी तन्मयता से पूजा-पाठ में जुट जाती थी। उसका

यह पूजा-पाठ घंटों चलता रहता था। पति और बच्चों को अपने नाश्ते और भोजन की चिंता दोपहर दो बजे तक खुद ही करनी पड़ती थी।

यह परिवार हमसे जुड़ा हुआ था।

आपको यह जानकर दुख होगा कि इस कर्मकांडी घोर धार्मिक मां ने पहले सेना में काम करने वाले अपने सबसे बड़े बेटे की मौत देखी। उसके गुर्दे खराब हो गये थे। उसके बाद लंबे समय तक बीमार रहे उसके तीसरे बेटे की मौत हुई, उसे कैंसर था। मौत के समय मैं भी वहां मौजूद था। जब उसने अंतिम सांस ली तो उसका सर अपनी घोर धार्मिक मां की गोद में था। फिर उसके पति की मौत हुई और उसके बाद उसके सबसे छोटे बेटे की मौत भी एक सड़क दुर्घटना में हो गयी। केवल अपने दूसरे बेटे की मौत उसने नहीं देखी। दूसरे बेटे की मृत्यु मां की मृत्यु के बाद हुई। आप सोच सकते हैं कि अपने पारिवारिक कर्तव्यों की उपेक्षा करके सदैव पूजा-पाठ में लगी रहने वाली इस महिला को आखिर क्या मिला?

पूजा मैं भी करता हूं लेकिन नहाने के बाद केवल पांच मिनट के लिए। मैंने अभी तक बहुत से प्रसिद्ध मंदिरों और धार्मिक स्थलों की यात्रा तक नहीं की है।

पिछले 30-40 सालों में मैं केवल दो बार, बिना काम के, यात्रा करके मंदिरों में गया हूं, वह भी तब जब मैं खाली था। हां, मैं अपने प्यारे देश में बहुत अधिक घूमा हूं और कभी-कभी मेरे साथी लोग मीटिंग आदि की समाप्ति के पश्चात मुझे वहां के प्रसिद्ध मंदिरों में भी ले जाते रहे हैं।

लेकिन मैं निश्चित तौर पर ईश्वर का एक वरद-पुत्र हूं। किसी के लिए भी यह विश्वास करना मुश्किल होगा कि साठ के दशक के दौरान जब कार रखना एक बड़ी संपन्नता माना जाता था, उस

समय मेरे पिताजी के पास तीन कारें थीं और इन कारों का प्रयोग मैं करता था तथा मैं अपने छात्रावास में तीन कारों के साथ मोटर साइकिल भी रखता था। मेरे पिताजी बहुत ही उच्च पदस्थ व्यक्ति थे।

हम अपने पिताजी के समय हमेशा शानदार बंगले में रहे। मुझे याद है कि उन दिनों जब एक घर का मासिक खर्चा सौ-डेढ़ सौ रुपये हुआ करता था उस समय मेरे पिताजी का वेतन 4000/- रुपये प्रतिमाह से भी ज्यादा था। हमारे यहां आये दिन दावतें हुआ करती थीं।

मुझे हमेशा बेहतर से बेहतर मिला और ईश्वर की कृपा से आज भी मैं सर्वश्रेष्ठ पा रहा हूं।

मैं अपने जीवन की इन बातों को इतने विस्तार से बता रहा हूं तो इसका एक कारण है। कारण यह कि मैंने अभी तक बहुत से सुप्रसिद्ध मंदिरों और तीर्थ स्थानों की यात्रा नहीं की है फिर भी मैं साल में दो-दो, तीन-तीन बार तीर्थयात्रा करने वाले उन लाखों व्यक्तियों की तुलना में ईश्वर का अत्यधिक कृपाप्राप्त वरद पुत्र हूं।

आप मेरे जीवन के एक पक्ष के बारे में मेरी पत्नी, मेरे परिवार के सदस्यों और मेरे साथियों से पूछ सकते हैं कि उनके अनुभव क्या हैं और उन्होंने मुझे किस तरह देखा है। मेरा यह पक्ष है—कि मैंने कभी भी मानसिक तनाव का अनुभव नहीं किया। मुझे किसी ने भी आज तक तनावग्रस्त नहीं देखा। मैं हमेशा खुश रहने वाला व्यक्ति हूं। पूजा-पाठ न करने के बावजूद मैं सच्चे अर्थ में ईश्वर का वरद पुत्र हूं।

आप जानते हैं कि ईश्वर का यह वरदान मुझे क्यों मिला है? मुझे अपने जीवन की प्राथमिक अवस्था में ही यह वरदान प्राप्त हुआ अपने पूज्य पिताजी के कारण जो एक महान इंसान थे।

मुझे याद आता है कि वह हर माह के पहले सप्ताह में एक घंटा 15-20 मनीऑर्डर भेजने में लगाते थे। ये मनीऑर्डर वह कुछ निर्धन

परिवारों को घर चलाने के लिए और कुछ छात्रों को उनकी पढ़ाई में मदद करने के लिए भेजा करते थे।

विश्वास करें, मेरे पिताजी ने अपने रिश्तेदारों और कनिष्ठ सहयोगियों को **1960-70** के दशक में लाखों रुपये निजी ऋण के तौर पर दिये होंगे।

लेकिन वह मुझसे हमेशा कहा करते थे—'बेटे, मुझसे कभी यह अपेक्षा मत रखना कि मैं तुम्हारे लिए कुछ छोड़कर जाऊंगा—न घर न बैंक बैलेंस।' वह सच ही कहा करते थे—जब तक तुम एक अच्छा और संतोषप्रद जीवन जीने के लिए अपने व्यक्तित्व को विकसित करने का संघर्ष नहीं करोगे तब तक तुम ईश्वर की उस महान कृपा का आनंद नहीं ले पाओगे जो ईश्वर ने हम सबके ऊपर कर रखी है। वह यह भी कहते थे कि जो पिता लाड़-प्यार के कारण अपने बच्चों के लिए धन, संपत्ति छोड़ जाते हैं वे वस्तुतः अज्ञानतावश अपने लड़कों को निष्क्रिय, आलसी और अनुत्पादक व्यक्ति बना देते हैं। ऐसी संतानें अपना सारा जीवन उस महान अनुभूति का अनुभव किये बिना गुजार देती हैं जिस अनुभूति को पाने का अवसर ईश्वर ने हम सबको प्रदान किया है।

मैं इस विषय का समापन बार-बार इस बात पर बल देकर करना चाहूंगा कि ईश्वर की कृपा निरंतर पाने के लिए आपको उसके इस आदेश का पालन करना होगा कि उसके द्वारा निर्मित मानव जाति के प्रति अपने सभी संभव कर्तव्यों का पालन उदारता, समर्पण और उत्साह के साथ करें। आपका भावनात्मक दायरा चाहे जहां तक हो, आप भौतिक और मानसिक सहयोग के रूप में किसी न किसी जरूरतमंद की मदद हमेशा कर सकते हैं। हर किसी के प्रति जायज कर्तव्य निभाने को सर्वोच्च प्राथमिकता दीजिए और हां, अपने प्रति भी जायज

कर्तव्य निभाने का संतुलन बनाए रखिए।

इसलिए यूनीफॉर्म पहनना, 'सहारा प्रणाम' के साथ अभिवादन करना एक अनुष्ठान की तरह है जिन्हें हम पूजा-पद्धति कहते हैं, लेकिन ये सही मायनों में धर्म नहीं होते।

इसी तरह मंदिरों में दर्शन के लिए जाना, फूल, अगरबत्ती या दीपक जलाना, मस्जिद में जाकर नमाज पढ़ना, गुरुद्वारों में अरदास करना, गिरजाघरों में प्रेयर करना सभी अनुष्ठान हैं, पूजा की पद्धति हैं, लेकिन अपने आप में धर्म नहीं।

धर्म तो कर्तव्यों का निर्वाह है।

धर्म की उत्पत्ति कैसे हुई होगी

थोड़ी देर के लिए हम उस काल की कल्पना करते हैं जब धरती पर केवल एक नर और एक नारी रहे होंगे। फिर उनकी संतानें हुईं, उनकी संतानों की संतानें हुईं—और सिलसिला चल पड़ा जनसंख्या वृद्धि का। फिर एक समय ऐसा आया होगा जब वह स्थान-विशेष कम पड़ गया होगा, जीवन-यापन के साधन जनसंख्या वृद्धि के अनुपात में कम हो गये होंगे, तब एक ही मानव परिवार के होते हुए भी उन्हें अलग-अलग स्थानों में बसने के लिए विवश होना पड़ा होगा।

होते-होते एक समय ऐसा आया होगा जब श्रेष्ठ बौद्धिक स्तर के लोग व्यक्तियों के सामूहिक जीवन को संगठित और सुव्यवस्थित रखने के लिए जीवन-यापन के सभी पहलुओं और दृष्टिकोणों से उचित दिशा-निर्देशों की आवश्यकता महसूस करने लगे होंगे। इस प्रकार समुदाय बने होंगे। समुदाय को व्यापक रूप से बेहतर दिशा देने के लिए इन श्रेष्ठ बौद्धिक स्तर के लोगों ने मनुष्य के मूल स्वभाव, प्रवृत्तियों

और प्राकृतिक नियमों, अनिवार्यताओं के तहत नियम-कानून बनाये होंगे यानी कि व्यापक दिशा दी होगी और उन्हें अदृश्य प्राकृतिक शक्तियों से डरा कर दिशाओं को निर्देशित किया होगा। डराया इसलिए होगा जिससे कि मानव समुदाय अपनी व्यक्तिगत और सामूहिक भलाई के लिए उन दिशाओं का कठोरता और सम्मान भावना से अनुसरण कर सके और उसने ऐसा किया भी। मानव समाज का विकास इसी तरह हुआ होगा।

धर्म व्यवस्था का उदय

नियम, कानून और दिशाओं के अंतर्गत जीवन को ढाल लेने पर (हर धर्म में सफल जीवन जीने का तरीका तो एक ही प्रकार का बताया गया है, भले ही उसकी अभिव्यक्ति के मानक अलग-अलग हों) जनमानस को लाभ मिला होगा और वे उसे अपनाते गये होंगे।

भौगोलिक सीमाओं के पार जब स्थानांतरण का यह क्रम चल रहा होगा; नियम, कानून, दिशा-निर्देशों के अंतर्गत लाभ पाने वाले व्यक्ति जिन-जिन क्षेत्रों में फैलते गये होंगे वहां-वहां भी वे सारे नियम, कानून और दिशा-निर्देशों को फैलाते गये होंगे। परंतु आज की तरह उस समय बेहतरीन संचार-परिवहन व्यवस्था नहीं थी और न ही इतने विकसित संचार-परिवहन उपकरण थे। इसलिए निर्देशित नियम, कानून, दिशाएं विश्व में एकरूपता के साथ नहीं फैल पाये। फलस्वरूप विभिन्न स्थानों पर भिन्न-भिन्न धर्म और सम्प्रदाय उदित हुए और भिन्न-भिन्न जीवन पद्धतियां और सामाजिक व्यवस्थाएं अस्तित्व में आयीं।

मगर साथ ही साथ यह भी समझना होगा कि बहुत समय तक एक-एक संप्रदाय में, एक-एक समूह में अलग-अलग जो बातें बतायी

गयीं, जो नियम-नैतिकताएं स्थापित हुईं और जो कानून बने, वे व्यवस्थित धर्म का रूप लेते गये। इस तरह अलग-अलग धर्म बने और अपने-अपने धर्म से व्यक्ति भावनात्मकता के साथ जुड़ता गया क्योंकि उसी में वह अपना भगवान, अल्लाह, गॉड पहचानता चला गया। यही पहचान उसके लिए प्रमुख होती गयी।

और इसीलिए आज देखने को मिलता है कि लोगों की भावनाएं अपने-अपने धर्मों के साथ तो बहुत ज्यादा जुड़ी हुई हैं, मगर हम एक ही पूर्वज की संतान हैं यह तथ्य गौण होता चला गया है।

राष्ट्रीय धर्म की स्थापना ही समाधान

यहां प्रश्न पैदा होता है कि भारत जैसे बहुलतावादी देश में सभी धर्मों के लोगों के अंदर एक ऐसी धार्मिक आस्था कैसे पैदा की जाये जिससे सभी लोग समाज और देश के प्रति अपने दायित्वों का निर्वाह पूरे लगाव और संलग्नता के साथ करें। यह कार्य हम राष्ट्रीय धर्म की अवधारणा को लागू करके कर सकते हैं। अगर सभी धर्मों के अनुयायी इस अवधारणा को समझ लें और मान लें तो न केवल एक समुचित धार्मिक व्यवस्था स्थापित की जा सकती है बल्कि इससे एक बड़ी हद तक साम्प्रदायिक तनावों और फसादों से भी मुक्ति पायी जा सकती है।

मैं यहां यह स्पष्ट कर दूं कि इसके लिए किसी भी धर्म को या लोगों की धार्मिक आस्था को छोटा करने की जरूरत नहीं है। एक ऐसी संवैधानिक व्यवस्था बनायी जा सकती है जिसके अंतर्गत सभी धर्मों का समायोजन करके एक राष्ट्रीय धर्म की अवधारणा का विकास किया जा सके।

सभी धर्मों में से आधुनिक परिस्थितियों के अनुसार अच्छी-अच्छी बातों को संग्रहीत करके, धर्म को कर्तव्य से जोड़कर और राष्ट्रीय धर्म की भावना को प्रचारित-प्रसारित करके हम तमाम तरह के धार्मिक विवादों का हल भी निकाल पाएंगे और अपने देश को एक शक्तिशाली और प्रगतिशील राष्ट्र के रूप में भी विकसित कर पाएंगे।

इस बात को मैं थोड़े विस्तार के साथ समझाना चाहूंगा।

राष्ट्रीय धर्म का निर्माण कैसे किया जाये

हिंदुस्तान में 'हिंदू' शब्द को गलतफहमी में धर्न का पर्यायवाची मान लिया गया है। 'हिंदू' शब्द सिंधु नदी की वजह से आया था। फारसी भाषा में 'स' का उच्चारण 'ह' ध्वनि से होता है इसलिए सिंधु का हिंदू हो गया, 'हिंदू' धर्म नहीं है, 'वैष्णव' धर्म है, 'सनातन' धर्म है।

'हिंदू' शब्द का धर्म से कोई रिश्ता नहीं है, तथापि हिंदुत्व में सामूहिक रूप से सुंदर सामुदायिक जीवन जीने की बहुत-सी व्यवस्थाएं निहित हैं जो खासकर इसमें कई धर्मों के समन्वय से विकसित हुई हैं। प्रारंभ से ही हिंदू पद्धति भावनात्मक आधार प्रदान करने में सक्षम रही है। सिख, बौद्ध, जैन आदि धर्म भी हिंदू जीवन पद्धति से हमेशा जुड़े रहे हैं।

आज भारतीय मुसलमान साथियों के लिए, चूंकि भारतवर्ष में बाहुल्य हिंदू पद्धति का है, हिंदू पद्धति के साथ हमेशा-हमेशा के लिए भरपूर शांति, सुख और संतुष्टि पाने का उपाय बन सकता है। हिंदुत्व जब जीवन जीने की पद्धति है तो मुस्लिम भाइयों को अपने धर्म से अलग होने की भी कोई आवश्यकता नहीं है, केवल एक खास जीवन पद्धति से जुड़ने की बात है। वैसे तो हिंदुत्व को नानना कतई आवश्यक नहीं

है मगर एक बात की परम आवश्यकता है और वह है राष्ट्र के सुंदर निर्माण के लिए किसी तरह से एक धर्म का विकसित होना। इसलिए भारत वर्ष के लिए 'राष्ट्रीय धर्म' ही एक विकल्प बन सकता है।

आप ध्यान से सोचें तो आप मेरी बात से असहमत नहीं होंगे। हमें किसी भी धर्म को छोटा करने की जरूरत नहीं है। हां, सभी धर्मों को साथ लेकर और प्रत्येक में कुछ परिवर्तन लाकर, एक 'राष्ट्रीय धर्म' की संरचना की जानी चाहिए। देश की शासन पद्धति के अंतर्गत पूरे राष्ट्र में हर एक नागरिक के ऊपर हर मामले में समरूप नियम-कानून लागू होने चाहिए। एक ही राष्ट्र में धर्म के आधार पर अलग-अलग कानून कतई नहीं होने चाहिए। इसके लिए परम आवश्यक है राष्ट्र को हृदय से एक परिवार मानते हुए 'राष्ट्रीय धर्म' का निर्माण करना। चाहे यह कार्य कितना भी कठिन प्रतीत हो, लेकिन इसे किया जाना चाहिए।

इस राष्ट्र में रहने वाले पूरे जनसमुदाय के लिए जीवन जीने के तौर-तरीके, रीति-रिवाजों आदि में जहां तक हो सके एकरूपता लायी ही जानी चाहिए। सभी के लिए धर्म के नाम पर प्राथमिक कर्तव्य अनिवार्यतः 'राष्ट्रीय हित' को बनाया जाना चाहिए। अकबर के शासन काल में दीन-ए-इलाही का जो उल्लेख मिलता है वह भी सर्वधर्म समन्वय की मान्यता के साथ 'राष्ट्रीय धर्म' को प्रोत्साहित करता है। दीन-ए-इलाही के कारण अकबर का शासन काल सबसे अधिक व्यावहारिक और प्रगतिशील काल माना जाता है, जहां जनजीवन में शांति, सुख और समृद्धि भी अधिक थी।

राष्ट्र हित सर्वोपरि

आज अगर देश की आबादी भयानक रूप लेकर एक अरब से ऊपर तक पहुंच गयी है तो सभी धर्मों के लोगों को राष्ट्रहित को परम धर्म मानते हुए जहां तक संभव हो कम से कम बच्चे पैदा करके जनसंख्या का भार कम करना ही होगा।

इसके अलावा, राष्ट्र को सुंदर बनाए रखने के लिए यह आवश्यक होगा कि पूजा, प्रार्थना, अरदास, इबादत केवल घरों के अंदर ही हों और घर के बाहर सभी नागरिक राष्ट्रीय धर्म का पालन करते हुए केवल भारतीय हों। सार्वजनिक रूप से हमारे पर्व हों—15 अगस्त, 26 जनवरी यानी स्वतंत्रता दिवस और गणतंत्र दिवस।

गांधी जी, सुभाष चंद्र बोस, मौलाना अबुल कलाम आजाद, चंद्रशेखर आजाद, भगत सिंह जैसे महान व्यक्ति राष्ट्रीय धर्म के लिए प्रेरणास्रोत हो सकते हैं। ये महान व्यक्तित्व और इनके कार्य-विचार राष्ट्रीय धर्म की स्थापना में आस्था पैदा करने के लिए बहुतायत में सद्गुण और जीवन मूल्य उपलब्ध करा सकते हैं, जो हमारी भावनात्मक एकता को मजबूत आधार प्रदान करेंगे। अगर ऐसा होता है तो समय के साथ हम राष्ट्रीय एकता का सुंदर रूप विकसित होते हुए देख पाएंगे, महसूस कर पाएंगे।

एक रचनात्मक आंदोलन की जरूरत

इस अवधारणा को ठोस आकार देने के लिए, चाहे कोई हिंदू हो या मुसलमान, सिख हो या ईसाई, सभी भारतवासियों को आगे बढ़कर एक रचनात्मक आंदोलन को जन्म देना होगा। वोट की राजनीति में उलझी

तमाम राजनीतिक पार्टियों या राजनेताओं और तथाकथित बुद्धिजीवियों और धर्म के अलमबरदारों की लुभावनी, सहानुभूतिपूर्ण और तात्कालिक तुष्टि प्रदान करने वाली बातों में बहकर लोगों को अपनी शांति, सुख और संतुष्टि को तिलांजलि देकर, अपनी जानें नहीं गंवानी चाहिए।

राजनीतिक नेतागण दुर्भाग्यवश वोट की राजनीति में उलझे हुए हैं तथा बौद्धिक और धार्मिक नेतागण अपने संकुचित स्वार्थों से प्रेरित हैं। इसलिए उनके भाषण तात्कालिक तौर पर मनोरंजक, आकर्षक और सहानुभूतिपरक भले हों लेकिन भारत जैसे समाज के लिए उनका दूरगामी प्रभाव हमेशा विनाशकारी होता है। अपने देश की इन तमाम बुनियादी सच्चाइयों को स्वीकार कर, इन पर विचार कर अगर हम अपने आपको एकजुट न कर पाये तो ईश्वर, अल्लाह भी हमारी मदद नहीं कर सकेंगे, उनके आशीर्वाद तो हमें क्या प्राप्त होंगे।

हमारे देश में तमाम धार्मिक ग्रंथ उपलब्ध हैं। धर्मग्रंथ यानी कर्तव्यों की लिखित संहिताएं जो बताती हैं कि अपने कर्तव्यों को सुंदर, उत्पादक तरीके से, कब, कैसे, किस तरह से निभाते हुए अपने जीवन को हमेशा कैसे सुंदर बनाए रखा जाये। मगर आज जनमानस के लिए ऐसे सभी ग्रंथ केवल श्रद्धापूर्वक नमन करने की वस्तु बनकर रह गये हैं।

आज अपने देश के जनमानस की शांति, सुख और संतुष्टि के लिए एक ग्रंथ नये सिरे से बनाया जाये तो बहुत कारगर साबित होगा। आज के संदर्भ में और आज के परिप्रेक्ष्य के मुताबिक गीता, वेद, कुरान, बाइबिल, गुरुग्रंथ साहब आदि में दी गयी तमाम अच्छी शिक्षाओं को एकत्रित किया जाये मगर उनकी नये सिरे से विस्तार से व्याख्या करके, और सबका संकलन कर एक ग्रंथ तैयार किया जाये जिसे वर्तमान भारतीय शिक्षा-पद्धति में शिक्षा के प्राथमिक स्तर से ही लागू किया जाये।

निष्कर्ष :

भारत को शताब्दियों से इसकी धार्मिक बहुलता और विविधिता के लिए जाना जाता रहा है। अपने धर्म का पालन करने की स्वतंत्रता का अधिकार हमारे संविधान में निहित है। यह एक धर्मनिरपेक्ष राष्ट्र है जिसमें यहां के नागरिकों को अपने धार्मिक रीति-रिवाजों का पालन करने, अपनी धार्मिक आस्था की रक्षा करने और उसका प्रचार-प्रसार करने का अधिकार है जो हर तरह से उचित है।

तथापि, मेरी यह दृढ़ राय है कि राष्ट्रीय हित सर्वोपरि हैं और उन्हें सभी धर्मों और धार्मिक आस्थाओं से ऊपर रखा जाना चाहिए। मेरा मानना है कि विशाल भारतीय परिवार की समृद्ध भावनात्मक एकता को बनाये रखने के लिए और विविधिता में एकता के भाव को मजबूती प्रदान करने के लिए एक राष्ट्रीय धर्म का होना अनिवार्य है। राष्ट्रीय धर्म के माध्यम से सभी धार्मिक आस्थाओं, परंपराओं और रीति-रिवाजों को सामाजिक एकता के सूत्र में पिरोया जा सकेगा और इससे एक स्वस्थ और सामूहिक भावनात्मक सह-अस्तित्व के भाव को बल मिलेगा। इस भावना के बल पर एक अधिक मजबूत, अधिक एकीकृत और अधिक समृद्ध भारत का निर्माण किया जा सकेगा।

विनम्र निवेदन

पुस्तक को पढ़ लेने के बाद प्रतिक्रियास्वरूप इसमें उल्लिखित किसी विचार से अगर आपकी कोई असहमति हो अथवा आपके मन में कोई प्रश्न उत्पन्न होता हो, कोई बेहतर सुझाव आपके मन में आता हो तो अपनी बहुमूल्य प्रतिक्रिया से मुझे अवश्य ही अवगत कराएं मैं आपका शुक्रगुजार रहूंगा।

आप अपनी प्रतिक्रिया या राय मेरी निजी वेबसाइट www.saharasri.in या www.saharasribooks.in पर जाकर व्यक्त कर सकते हैं।

इनके अलावा आप अपनी राय ई-मेल द्वारा feedback-thinkwithme@saharasribooks.in पर भी प्रेषित कर सकते हैं।